裁判官の正体

最高裁の圧力、人事、報酬、言えない本音

井上 薫

元判事

839

中公新書ラクレ

まえがき

国民の皆さんは、何となく裁判官を神聖視していませんか？　裁判官は死刑判決を出せる人、神様でもなければできないようなことを生業（なりわい）とする人と思えば、神聖視も自然のような気がしてきます。特に、最高裁判決といえば、最高レベルの神聖視が当たり前であって、「これこそこの世の正義だ。これまでばらついていた裁判所の判断が統一された。今後はこれを基準に裁判官は判断しなければならない。国会は最高裁判決の言うとおりに法改正をすべきである」という大合唱がなされる。しかし、これらの言い分は、法律上の根拠はなく、大間違いなのです。すべて裁判官に対する神聖視が生み出した夢（ゆめ）幻（まぼろし）なのです。では実際はどうなのでしょうか？　それを言うために本書を書きました。具体的には本文をお読みください。読み終われば裁判官への神聖視は霧消し、裁判を巡る見方が大きく転換することでしょう。類書はありません。

でも、中には「そもそも裁判なんて自分には関係ない」と信じている人もいるかもしれません。しかし、日本国民であるあなたは、捜査官が捏造した証拠に基づき死刑を執行される危険性を日々抱えたまま生きている現実を知らなければなりません。令和六年に再審無罪が確定した袴田巖さんの事件が、その好個の例となりました。今や「裁判なんて自分には関係ない」と言える人は、日本国の内には一人もいないのです。

袴田さんの事件の検証はこれからですが、裁判官の神聖視などとんでもない現実が手に取るようにわかります。裁判官は皆凡人、俗人なのです。この事件では、最高裁判決でも袴田さんが犯人だとしており、裁判官五人全員の一致した結論でした。最高裁の裁判官もこの有様です。現在の裁判制度の中には、恐ろしいほどの致命的欠陥があるのではないか？　この点に焦点を当てたまともな議論がなされてこなかったのは、裁判官に対する神聖視が妨げとなっていたのではないか？

私は、裁判官の経験が二十年あり、その後の弁護士としての経験も併せて本書ができあがりました。本書中にある逸話はほぼ私の見聞きしたことです。ただ、裁判所内の慣行については、その後どうなったか、今でも続いているのかについてまではわかりません。

裁判官のどのような点を述べるのか？　たとえば、

判決が書けなくて当事者にしかられる裁判官
判決を書くのは大変だから和解勧告する裁判官
傍聴席に報道機関の記者がいる前で判決文を読んでスター気分を味わう裁判官
異動で手当が減って提訴した裁判官
定年間近だから画期的判決を出す裁判官
司法修習同期の出世がすべて頭に入っている裁判官
もし北方領土が返還されたらここにも裁判所ができそこへの転勤を心配する裁判官

裁判官がいかに俗物であるかを皆さんにお知らせすることで、少しでも世間の監視の目が裁判所に行き届き、冤罪（えんざい）事件がなくなることを願ってやみません。

本書の内容は、この「まえがき」と目次を斜め読みするだけで把握することができましょう。特別の法律知識は必要ありません。裁判関係の新聞報道を読む際の基礎知識となるでしょう。裁判官の法的環境を専門的に議論する際の基礎資料ともなると自負しています。現実の裁判官の環境や心理を知らずして抽象的な裁判官論を展開するのは間違いです。社会的に有用であり、かつ、時宜を得た今回の中央公論新社からの依頼に敬意を表するとともに、執筆のための楽しいひとときを過ごすことができた喜びを素直に表明します。

令和七年二月

井上　薫

目次

図表作成・本文ＤＴＰ／市川真樹子

裁判官の正体

最高裁の圧力、人事、報酬、言えない本音

第一章　事件処理

知ってるつもりが一番始末に負えない！

先日、裁判の基礎知識は大体知っていると思えるあるインテリ層に属する方と話していて、「合議体の判断は、裁判長の意見と同じだと思っていた」との発言に接し、心底驚きました。確かに、有名事件での判決は裁判長の名字をつけて俗に「○○判決」などと呼ばれることが多い。そのような報道をするマスコミが必要な説明をしないから、読者がそう思うのもなるほどとは思います。しかし実際は違うのです。合議体では、判決の内容を決めるために、構成裁判官が寄り集まって評議をします。最終的には多数決で決めます。だから裁判長が評決で負けることもあります。この場合裁判長は自己の意見と反対の判決を言い渡さなければなりません。仕事とはいえ自己の意見と反対の判決を言い渡す心理的葛藤はいかばかり。評議の結果が死刑か無罪かになる事件を考えてみてください。この点は、裁判長は評議では議長を務めますが、評決では他の構成裁判官と平等なのです。この点は、地裁、高裁と最高裁も含めて皆同じです。

「合議体の判断は、裁判長の意見と同じだ」と仮定すると、裁判長が「結論は死刑だ」と言えば、判決の評議は終わりで陪席裁判官の存在価値はないことになります。それでは合議体は何のためにあるのでしょうか？　このような仮定を信じている人は、裁判の基礎からまじめに学び直してほしいです。本書はぴったりの教材です。

本章の記述は、一見するともう知っているようなことに見えるかもしれませんが、裁判の仕事を理解するには最低限必要なことばかりです。知ってるつもりにならず速読し、確実に理解してほしい。しっかり基礎に足がついた「裁判官のイメージ」を確立して次の議論に入っていただきたいのです。その効果はてきめんで、日頃の裁判報道を理解する能力は向上し、他の裁判関係の本を読む準備体操にもなるでしょう。

裁判とは何か？

裁判沙汰というと、善良な市民は一生に一度もないまれなことと思い、自分は関係ないと思って切り捨ててしまいがち。そうでもない事情がこれからわかってきます。読者の皆さん、心して聞いていただきたい。あなたは、警察の胸三寸で袴田事件のように無関係の人が死刑囚にさせられる国に住んでいることを忘れないように！

裁判という言葉は、日常でもよく使うし、新聞などマスコミでも普通に出てくるので、大体の人は常識的に知っていると思います。「具体的な紛争を解決するためになされる公権的な裁定（物事の善悪・可否を判断して決めること）」と定義しましょう。まず、裁判の前提として具体的な紛争が存在することが必要です。人間社会には色々な紛争が起こります。貸したお金を返してくれないとか、離婚したいとか、あいつは盗みをしたから処罰するとか、そういう具体的な紛争が必要で、その紛争を解決するために裁判するということになります。だから、裁判は人間社会を営む上で欠くことができない仕組みなのです。政治の実権が朝廷、幕府、明治政府と移っても、いつの時代にも裁判が行われてきたのは歴史の偶然ではありません。今、公権的と述べた点ですが、実際日本でなされている裁判は国の機関である裁判所が行います。地方公共団体には裁判する権限はありません。地域や団体内の顔役が当事者双方から意見を聞いて判断を示してこれに従ってもらいたいというような場面がしばしばあることは、みなさん経験のあることだろうと思います。小学校のクラスの中のことについての揉め事があったとしたら、クラス担当の教師が判断を示すことがありますよね。でも、これは裁判とはいいません。公権的なものではないからです。今述べたような具体的な紛争を解決するために裁判所が下す裁定のことを裁判というのです。なんとなくイメージが湧いて、新聞記事、特に三面記事あたりと相互理解が進むのではないかなと思います。

具体的な紛争とは？

ここで一つ業界用語を紹介します。今述べた「具体的」という言葉は説明が必要でしょう。それは国語辞典に出ている意味とは異なり、特定の意味があります。つまりこの具体的というのは、紛争の当事者の権利や義務に関係するという趣旨です。事件の結論、つまりどちらが勝つか負けるかによって、当事者の権利が発生したり消えてなくなったり、義務が生じたりなくなったりという場合に限られます。したがって、より抽象的で、どちらが勝っても負けても当事者の権利や義務に影響がない場合には、具体的という条件は満たされません。

一つ例を挙げると、新しくできた法律が憲法違反である旨を宣言してほしいという訴訟が提起されたとしても、これは今述べた具体的という条件をクリアしませんので、裁判所としては取り上げて判断することはできません。学問上の争いもそうですね。たとえば歴史学上の話を一つ例に挙げると、本能寺の変で明智光秀が織田信長を襲って殺したという事件がありましたが、その動機は何かというのは今現在、歴史学者の間でも様々な意見があって、統一された見解はありません。その動機は何かについて裁判所に訴えて決めてもらおうというようなことはできません。どちらが勝っても負けても当事者の権利や義務には関係がないからです。

同様にして、アインシュタインが唱え始めた相対性理論が正しいかどうかを判定してくれとか、数学の問題が解けたと思うけれども、それが正しいかどうかを判定してくれというような訴えも、ここでいう具体的なものとはいえません。当然、裁判所はこのような訴えに対して回答してくれるわけではありません。

裁判官の仕事の範囲

公務員は権限の範囲内で仕事をしなければなりません。範囲を超えれば越権の違法が発生します。だから裁判官の仕事を理解するうえでは裁判官の権限を理解する必要があります。裁判官の権限は裁判官の仕事の範囲を見える化してくれるのです。

これまでの裁判報道では、裁判所の権限を考えずに、越権の判断をした判決を何らコメントせずにそのまま報道して、国民を錯誤に陥れていました。悪いことをしているという自覚もあったのかどうか。第二次世界大戦中の大本営発表をそのまま垂れ流すやり方を今でも繰り返しているのです。蛇足判決（井上薫著『司法のしゃべりすぎ』〔新潮新書〕）がその典型例ですね。

裁判官の仕事は裁判所（裁判機関）の権限によって境界が設定されます。国家機関も国家公務員も権限がある範囲内で仕事をするのが法の定めるところです。

では、その権限というのはどうやって手に入るのでしょうか？　国家機関も国家公務員も生まれながらに持っている権限というものはありません。どの国家機関もどの国家公務員も必ず憲法あるいは法律が一定の権限を授けるという規定を設けてはじめて権限を有するようになるのです。

したがって裁判所の権限を考えるうえでは、裁判所に特定の権限を授ける旨の規定が憲法や法律にあるのかどうかという点に着目して考えていかなければなりません。裁判機関は、自分が担当することになった具体的事件を審理し判決することと、それに必要なこと（たとえば証拠調べ）をする権限のみを有します。その点はすべての裁判所に共通のことです。最高裁もこの中に含まれます。これが司法権の限界です。この消極性が司法権の本質なのです。したがって、裁判官は判決文中で子どものように書きたいことを書けるわけではありません。あくまで法律上書くべきことのみ書くことが仕事となります。判決文中で結論に影響のない事実認定や法律論を展開すること、また立法論といって新たな立法をすべきだなどと述べるのは権限逸脱の違法があります。仮にこのようなことを述べても無効です。ですから、判決に対するコメントでは、このような権限を逸脱した判断は「裁判所の判断したこと」として、本来マスコミ等は取り上げてはいけません。あとはその裁判官の懲戒や弾劾裁判の問題が残るだけです。裁判官はいま述べた裁判所の権限の範囲内で仕事をするのみです。これは裁判の話を論ずるうえで最低限必要な基礎知識となります。この際しっかりと頭に入れておいていただきたい。

その他、政府がしていることがおかしいからといって訴えても、そのおかしいことが原告の権利や義務に直接関係しない場合は、裁判所はおかしいかどうかを判断してくれません。マスコミで騒がれる有名事件の中にも、このような例はたくさんあります。たとえば、小泉首相が靖国神社を参拝したことを理由に一市民が慰謝料を請求した民事訴訟がありました。私は、この件を深く研究し、一冊の本（『蛇足判決が司法を滅ぼす――小泉首相靖国参拝の場合』〔産経新聞出版〕）を書いたくらいです。要するに、この国家賠償請求事件では、一市民の慰謝料は認められないとして請求は棄却されたのです。マスコミが大きく扱った靖国神社参拝が憲法違反かどうかの点は結論に関係なく、裁判所には判断する権限がない点が決め手でした。

警察は、どこどこに死体が発見されこれは殺人事件の可能性があると思えば、誰からも言われなくても独自に活動を開始します。現場から得られる証拠を集めての保存や、犯人である可能性のある人物の当時の行動や様子に関する証拠の収集と容疑者の確保ということを念頭に独自に活動を始めます。行政官庁はおおむねこのような能動的な活動を始めます。

これと対照的に、裁判所は消極的な官庁で、自ら事件を求めて御用聞きに回ることはありません。当事者からの訴えが提起されるのを待って活動を始めます。訴えの提起によって、ちまたの紛争は裁判所という国家機関が正式に対応せざるをえない事件となるのです。今見た裁判所の消極的性格が、裁判の性格も裁判官の仕事も大きく規定しています。これは裁判の仕事全体を貫く最大のキーポイントです。先に見た蛇足判決は、裁判所の消極性を忘れた結果なのです。

インプットとアウトプット

裁判所は事件の当事者双方から意見を聞いたり証拠を集めたりして、最終的な裁定をします。まず情報を当事者から集めないとなりません。そのことを今インプットといっています。裁判であれば、大きく分けると、民事裁判と刑事裁判があります。民事裁判の代表として、貸した金を返してくれという訴訟を考えましょうか。原告は被告に対していついつ金一〇〇〇万円を貸したが期限になっても返してくれないから請求するという内容がその例です。これを訴状という書面に書いて裁判所に提出します。これを送られた被告はそれに回答した書面を提出します。答弁書といいます。確かに借りたとか、あるいはお金は受け取ったけれど借りたお金ではないとか、いろいろな言い分が考えられます。訴訟の言い分がさらに積み重なり、その次の段階として証拠を見る必要がありますね。証拠書類、証人尋問のほか当事者本人も尋問することがあります。こういうことをして当事者双方の主張と証拠が出尽くしたという段階になると、審理を終えて判決をすることになります。その判決のことをここではアウトプットといっています。インプットした情報を総合して、裁判官が頭の中で結論を考えてそれを判決という書面を作ってアウトプットするという段取りになります。原告の請求を認める場合には、たとえば「被告は、原告に対し金一〇〇〇万円を支払え」と判決し、請求を否定する場合には「原告の請求を棄却する」と判決します。

これはどんな裁判でも同様にやっています。たとえば、刑事裁判であれば、ある犯罪の容疑者と疑われている者が逮捕されて検察官が調べた結果、起訴することになりました。そうすると、刑事事件になります。原告は検察官がなります。起訴された後では容疑者は被告人と呼ばれます。その被告人と弁護人が、法廷で検察官と相対する席に座ります。刑事事件でも裁判官は双方から主張を聞き、証拠を集めて判決することになります。有罪なら懲役何年というふうに刑を言い渡し、無罪なら「被告人は無罪」と言い渡します。したがって、刑事事件でもインプットとアウトプットという作業は同様になされます。

このように、裁判所の仕事は、取り入れた情報を必要な処理をしたうえで、法定の形式で吐き出すとまとめることができましょう。まるでコンピューターみたいですが、それを人力でするシステムなのです。では、ＡＩがさらに進歩すれば裁判官は必要なくなるのでしょうか？　それは後述します。

単独事件と合議事件

裁判所に勤めたことのない人にとっては、わかっているようでわかっていない部分でしょう。裁判官が裁判の仕事をするためには、裁判機関（裁判所とも呼ぶ）の構成員にならなければなりません。裁判機関の構成員となるためには裁判官の地位が必要だともいえましょう。

裁判官の仕事ぶりを簡単に紹介しようと思いますが、そのはじめにある事件を担当する裁判機関には、単独体と合議体の二種類があるということを理解する必要があります。これは裁判官の仕事の内容に直結する基礎知識です。よく新聞などの報道を見ると、ある地方裁判所が民事や刑事の判決をしたときに、民事第二部とか刑事第三部とかいうことがあります。この部というのが事件を担当した裁判機関の名称です。一つの地方裁判所には複数の裁判機関があって、それを区別するために第何部というような言い方をしているのです。その裁判機関の構成メンバーになれるのは裁判官に限られます。

まず単独事件を見ると、これは裁判官一人で構成する裁判機関（単独体）が担当する事件です。民事でも刑事でもあります。合議事件というのは複数の裁判官で裁判機関（合議体）を構成する場合をいいます。通常の裁判ということになれば、三人で裁判機関を構成します。念のため付け加えておきますと、高等裁判所では三人の裁判官による合議体が裁判機関となります。最高裁大法廷では、最高裁の裁判官一五人全員で構成する合議体が担当するということは皆さんご存じだろうと思います。

民事のことを述べますと、事件を担当する裁判機関は単独体が原則です。後に述べるように民事事件といってもその内容は雑多で何でもありという感じですが、原則は単独事件として処理されていきます。

ではどういう場合に合議事件になるかというと、その部所属の裁判官三人が合議事件にしようと決定することで足ります。つまり、この事件は慎重に三人で審理しましょうという意味です。裁定合議決定がされた後はその事件は合議事件として処理されます。この場合、裁判長と右陪席裁判官、左陪席裁判官、合計三人の裁判官によって構成されます。法廷では裁判長は真ん中の椅子に座りますので、分かりやすいですね。右陪席裁判官というのは法壇から見た言い方で、傍聴席から見ると、裁判長の左側に座っている人になります。

合議事件はどういう場合に使うのかというと、やはり大きな問題、社会的に影響力の大きな問題、慎重に判断しなければならない問題が中心です。その筆頭は憲法問題ですね。政府のした行為が憲法に違反するかどうかという点が争われている事件については、合議制で担当する場合がほとんどです。それは内容が認められるかどうかで全国的に影響が大きくなり、当然マスコミの取り上げ方もセンセーショナルになる可能性がありますす。憲法問題でなくても、国家賠償請求事件といって、国や地方公共団体を相手取って損害賠償を請求する事件があります。この場合も、社会的な影響が大きく、また慎重に判断すべきという要請もありますので、合議事件として扱う場合がほとんどです。また、一定以上の高額な請求の場合も、やはり慎重を期して合議事件になりやすいです。イメージとして、判決が出た場合ニュースになりやすい大きな事件というふうに考えたらよろしいかと思います。

刑事事件についても若干見ましょうか。刑事事件は一定の重罪は自動的に合議事件になるということに法律で決められています。殺人事件や放火事件、覚せい剤の密輸入事件などは一番刑が重い場合、死刑とか無期懲役になる可能性があります。これはそれだけ重大な犯罪であって、重い刑罰が予想されるということがあるので、慎重に判断するという趣旨です。法律で当然に合議事件として決まっている事件を法定合議事件といいます。それ以外に、単独事件を合議事件に変更するという場合もあります。これは社会的な話題性、マスコミで大きく取り上げられている事件あるいは内容がかなり複雑で慎重に判断すべき事案だという場合も裁定合議にすることがあります。一定の刑事事件の重罪事件では、今日裁判員裁判が行われますが、「裁判官の正体」を理解していただく本書では大幅な脱線になりますので、省略します。

裁判官の仕事ぶりを理解する前提としては、この単独事件と合議事件とはどういうものかということをまず了解したうえで、実際の裁判官はこの両者を同時に担当するということを理解していただきたい。つまり単独事件もやっているけれども、時々合議事件にも加わるというやり方が一般です。ちなみに、高裁や最高裁になると、合議事件だけになります。

単独事件で裁判の仕事が実感できる

単独事件の判決書の作成者は一人の裁判官だけです。扱う事件は、ニュースバリューのないちまたの細々とした事件ばかりです。でも、その単独体の出した判決は、日本国の意思表示となるのです。裁判機関は、権限に基づき日本国の意思表示を出せるのです。だから離婚判決（ほとんど単独事件です）も裁判官個人の要素はなくなり、あくまで日本国の意思表示とみなければなりません。
ここが他の公務員とは違うところです。中央官庁に就職すると、事務官となり様々な判断をしますが、最終的な決定権限は大臣にあります。事務官は大臣の下でその補助をするだけです。大臣が法律上の権限を行使して下した決定は日本国の意思表示となります。ところが裁判所の単独体の判断は皆日本国の意思表示になるのです。ちょっとした驚きですよね。中央官庁に入れば若い事務官はあくまで大臣の補助をしているだけで、自ら日本国の意思表示をする権限はないのに、裁判所に入って裁判官として単独体を構成（そのためには裁判官五年の経験が必要ですが）すれば自ら日本国の意思表示を出せるのです。裁判官の独立の要請から、単独体がする意思表示には誰も干渉できません。単独体の法廷傍聴をしたときは、その裁判官がすることは日本国のすることなのだと理解する必要があります。イメージとしては、うしろに大きな日の丸を背負って仕事をしているというところかな。

誠に雑多な民事事件

皆さん民事事件と刑事事件の区別は分かったと思いますが、そのイメージを若干具体化するために事件の例を挙げてみましょう。まず、はじめに民事事件を取り上げます。その雑多ぶりをご理解ください。

民事事件の代表として貸金請求事件を思い浮かべてください。要するに、原告は被告に対していついつ金銭を貸したが期限になっても返してくれない、だからその返還を求めるという内容の訴えです。考えてみれば、世の中、金銭の貸し借りというのは無数にあって、ほとんどは裁判所に持ち込まないで終わっているはずですが、稀に裁判所に訴えとして出てくる場合があります。この場合、常識的に考えて借用書が裁判所に提出される場合が多いです。というよりも、借用書がないと貸したことを証明できないというのは常識的にわかるので、裁判所に訴えを提起するのを諦めるというのが普通ではないかなとも思います。

他に、売買代金請求事件というのもたくさんあります。貸し金ではないけれども、要するにお金を払ってくれということです。代金後払いの約束で物を売ったけども代金を払ってもらえないという話はちまたの例としては無数にあると思います。契約の実行を求める訴えもたくさんあります。たとえば、契約に従って物品を引き渡してもらいたいというのがあります。

不動産をめぐる訴訟も多数見られます。一つは、売買をした結果不動産の登記をこちらに移してもらいたいという訴えがあります。被告に建物から退去してもらいたいという事案もあります。アパートで家賃を払わないから契約は解除した、だから即刻明け渡してもらいたいと大家が訴えるという事案があります。不動産事件の一つに入りますが、土地の境界の確定という事案があります。意外と世の中、土地が隣接している所有者同士で境がはっきりしないという場合が少なくありません。登記所へ行くと、いわゆる公図といわれる土地の境らしきものを記した図面はありますが、あまり当てにできるものではありません。実際現地へ行ってどこが境かということになるとわからない例はたくさんあります。あまり地価が高くなく住人といえば代々住んでいる人ばかりというような地方の地域であれば、特に訴訟まで起きないでしょうけれども、東京のような地価の高いところではかなりこれが深刻な問題になることがあります。ブロック塀のどちら側が境かということで揉めた例に接したことがあります。計算すると勝つか負けるかで一億円ぐらい違うというのですね。どういうことかというと、塀のこちら側かあちら側かどちらが境かによって、ブロック塀が占める面積（上から見た場合の面積）を計算すると、一億円ぐらいの差になるというんですね。ちょっとびっくりしたことがあります。

解雇、交通事故、不倫に離婚……

その雑多ぶりにもう辟易(へきえき)としましたか？　でもまだまだあります。

労働関係で解雇無効という訴えがあります。会社が従業員を解雇したという場合、解雇された従業員がこれを認めず、解雇は無効だから今現在まだ従業員の地位があるということを確認してくれという訴えを提起する場合があります。

それから、損害賠償請求事件というのもかなりあります。交通事故が一番典型的な例です。同種事案は日本中では数多いですから、その公平性を図るためにも賠償額の相場というか、平均的な金額がすでにマニュアル化されているので、それに従って双方納得すれば裁判所には用がありません。ただ、被害者側が納得せず民事訴訟として提起してくるという場合があります。また、損害賠償というのはいろんな場合に発生するので、まさに制限はありません。

不倫関係も大きなテーマになっています。正妻が夫の愛人を訴えるという例がその典型ですね。男女の問題ですから、いろいろなこじれた経緯や心の問題もあるわけで、単純にはいきません。どうしても正妻の方が納得しないということになると、裁判沙汰ということになります。慰謝料が中心ですから、相場などあってないようなもので、慰謝料一〇〇〇万円を請求するとか、そういうキリのいい金額が多いですね。損害賠償請求事件の中でも、国家賠償請求事件というのは特別な扱いになります。これは国あるいは地方公共団体などが違法な行為をして原告は損害を被ったのでその損害を賠償してくれという訴訟になります。これは事件の内容自体が公的な性質を持ちますし、国民の関心も高いのが普通ですね。

また、人事事件（民法親族編で定める身分関係に関する紛争）では、その筆頭は離婚請求事件です。離婚は周知のとおり、家庭裁判所でまず調停をやります。調停以前に当事者間で話し合いをしてまとまれば裁判所に用はないわけですが、まとまらない場合には、まず家事調停をしてもらうことになっています。家事調停が成立して一件落着となる場合が少なくありません。ところが、どうしても調停ができない場合には離婚訴訟ということになります。こうなると普通の民事訴訟と同じで、判決で白黒をつけるということになります。また、認知訴訟というのもこの中にあります。これは、子どもが男性を被告として、あなたは私の父親であるから認知をしてくれという請求をする訴訟です。子どもが未成年の場合はその母親が代理人となって提起します。民事事件の種類といえばきりがなくたくさんあります。これらは民事訴訟のごく一例ですが、その雑多ぶりがいささか理解できたでしょうか。

つまりは、色と金

全体を見て事件類の傾向についてちょっとコメントしますと、大体は色と金といってよろしいかと思います。それで感覚として八割ぐらいは入るのではないかなと思います。男女関係のもつれとか、セクハラとか離婚とか、そういう男女関係の事件を今「色の事件」といいました。それから、財産関係の訴訟がやはり目につきます。この二つで裁判官の仕事の八割ぐらいは占めているかなという感じがしますね。裁判官の住んでいる世界で頭を使う分野というのは、大体そういう市民生活の中でのごく普通で雑多な紛争ということになります。新聞などで報道される訴訟というのは、その中でも特殊な一部をピックアップしているので、あるいは皆さんの民事事件に対するイメージと少しずれるかもしれませんね。だいたい小さくてニュースなどにならないような事件を例に挙げた次第です。

これらの事件の多くは単独事件として扱われます。国家賠償請求事件だけは合議体でするのが普通です。全体として社会の縮図といってもよいのではないかと思います。

これらの事件では、否認事件、要するに、請求の原因である事実を否認するという事件が普通です。この場合は証拠を集め、判決を目指して審理を続けていくということになります。ただ中には、お金を借りたこと自体は間違いない、悪いのは私だけれども、今お金がなくて払えないという被告もいます。この場合、争いといっても、お金がなくて返せないというだけですから、裁判をやるまでもなく、当事者同士で話し合って示談する、その示談の内容によって分割払いをするとか、保証人を立ててもらってちょっと待ってもらうとか、いろいろ実情に応じた解決がありうると思います。どうしてもそういうことができない関係の場合、民事訴訟として提起されてくるわけです。

無銭飲食、傷害、脱税……。刑事事件の場合

世の中で多い犯罪というと窃盗ですね。これは件数が一番多いですが多くは簡易裁判所で処理されます。ただ、盗みも重なって有罪判決を受けたのに懲りないでまたやったということを重ねていると、常習累犯窃盗罪という犯罪に該当する場合があります。この場合刑は重いし、地裁で審理することになります。その他、無銭飲食があります。路

上生活者その他が、お金がなくて住まいもないと、それでお腹が減ったから、食堂でご飯を食べた。でもお金がないから払えないというような事案です。この場合は詐欺罪になります。ちょっと意外かもしれないですけれども、食堂の側からすると当然、お金は持っていて払ってくれるのだろうと思って食事を提供するわけです。ところが、初めからお金なんてないということになれば、これは詐欺ですね。無銭飲食の場合は刑務所から出てきてもまたやる可能性がかなり高くて、同じ前科が十件近くもある事例に接したこともあります。

それから、覚せい剤取締法違反事件が多いですね。覚せい剤は違法薬物としてその所持も使用も禁止されています。違反すれば懲役刑が待っています。地裁の刑事を担当して、この種の事件が多いことに意外感を抱いたことがありました。一番多いのは、覚せい剤を自分の体に注射して使ったという事案です。裏の社会では行き渡っているのかもしれませんが、この種の事案の代表として目につきます。その覚せい剤の販売ルートなどは、暴力団員が関係しているのかもしれませんが、実際には暴力団とか覚せい剤とかに縁があるとは思えないような若い女性が使って起訴されてくることがあります。

また、横領罪というのもあります。預かっていたお金を着服しちゃったという場合です。それから、わいせつ事案も見かけます。痴漢とか強制的に性交したとかいう事案です。これは人間のいる限り尽きない犯罪です。あと暴行罪、傷害罪があります。傷害と一口にいっても程度の問題で、結果がひどい傷害になると植物状態になってしまったとかいう事例もありますし、それに至らない事案もいろいろ段階があるわけで、千差万別といってよいでしょう。

あと、経済的な関係の犯罪もありまして、代表としては脱税の事案があります。所得税法違反、法人税法違反という事件です。当然、税務署が詳細に調査して証拠を作ってから検察官が起訴してきます。犯罪ですからあまり表に出ないですけれども、裏社会の縮図といってよいでしょうかね。新聞などで報道されるのは大きな事件、特殊な事件が中心ですから、そういう報道にならない普通の刑事事件というのはどんなものか、というのは今述べたところでイメージをつかんでいただきたいと思います。

期日の入れ方

これから裁判官の日常的な仕事ぶりを紹介します。当然、裁判をしたことのない人は知らないことが大部分。わかったつもりは困りますよ。裁判官の行動パターンや思考過程を論ずる前提となるので、確実にインプットをお願いします。

　裁判官の仕事の一部は法廷で見ることができます。法廷を開くのは勝手に気まぐれで開くわけではありません。もちろん平日の午前一〇時から一二時まで、午後一時から四時半ぐらいまでというふうに大体決まっています。法廷の数は限られていてこれを大勢の裁判官で共同して使うので、使える日程があらかじめ決められています。それ以外の時間に期日を指定すると、法廷使用がダブってしまうので許されません。というわけで期日の入れ方がちょっと特殊です。だいたい曜日で決まっています。何曜日、何号法廷というように決まっています。単独事件は週一日か二日、合議事件は週一日ですね。具体的事件で期日をどうやって決めるかというと、当事者双方の都合が合わないとダメですね。民事の場合は双方の弁護士あるいは本人が出てくる場合は本人の都合も聞いて次回期日を指定します。弁護士の場合、あちこちの裁判所を飛び回って結構多忙な人が多いので、来週入れたいですけどといっても、それで結構ですとはなかなかいってくれない。ひと月先、場合によってはふた月先になってしまうこともあります。刑事ではちょっと事情が異なりまして、身柄が拘束されている被告人の都合というのを重視しなければいけませんので、あまり先にするわけにはいきません。二週間ぐらいで次回期日を入れないとまずいという雰囲気になります。民事の場合、夏休み明けにしましょうかみたいな話がよくありますけども、刑事ではそういうこともいいにくいので、なるべく早くというふうに運用しているだろうと思います。

この裁判所の期日は簡単には変更できません。裁判官のほか当事者双方が都合をつけて決めた結果ですから、変更すると迷惑を被る人が多数出てきます。そのため、親族の死亡や葬儀でも変更しなかった記憶がありますね。

記録を読み倒し、目を酷使する

この記録を読む仕事は裁判官の全仕事の中でも大きな部分を占めます。過半を占める人もいるでしょう。この点を理解しないと本章でいう裁判の仕事もほとんどわからないままとなるでしょう。裁判官は担当した事件の記録を読まなければなりません。記録というのは訴訟の記録であり、これまではファイルに綴じた紙が中心でした。今後はデジタル化が進行するでしょうが、情報のインプットととらえれば、紙の時代と同様に理解していくことができます。さて、インプットとして書類を読むということになります。

先ほど述べたような、訴状、起訴状や判決も書面になっています。それを読んで中身を理解するということになります。ですから裁判官の仕事の半分以上というか、かなりの部分は記録を読むことになります。多数の事件を処理するためには、記録を読むといっても相当のスピードが要求されます。グズグズしていると、事件がたまってしまいます。速読といいますが、裁判官にとってはこれが普通です。判決するのに必要な部分をピックアップして相当のスピードで読むということになります。これが裁判官の仕事の中ではかなりの部分を占めています。

ところで、裁判官は、記録を読むことで目を酷使します。もちろん目は大事なものであって、裁判官以外の人でも当然重要なものですけれども、特にこれだけ目を酷使する仕事となると、まさに目が要ということになります。実際、眼鏡をかけている裁判官が半分以上だと思います。コンタクトレンズをつけている方は一見してわかるものではありませんが、合計するとかなりの人が眼鏡あるいはコンタクトレンズをつけているのではないかと思います。これは、司法試験に合格するまでの勉強の段階ですでにそういう状態になっているという方も多いように見受けられます。

もちろん書籍の編集者のように目を酷使する人は裁判官以外にもたくさんいますね。ただ裁判官は判決の結論（たとえば死刑か無罪か）を決めるために記録を読むとすると、読む字数の多さに加えて責任の重さからも精神的重圧を受けやすく、目の酷使による大変さが身にしみるわけです。

一見、当たり前で瑣末なことだと思うかもしれませんが、この点は、裁判官心理に大きな影を落とします。この仕事を続ける限りやむをえないのか？　この苦悩がわからないと裁判官論も宙に浮く感じです。人間なら誰でも過剰な目の酷使状態をなんとかしたいと思いますよね。それが裁判官の仕事ぶりに目に見えない影響を与えるのです。ただの目の話と思っていたら本章の意図がまるでわかっていないのですぞ！　私は、そのようなくだらない蛇足は書きません。

民事の記録の読み方

民事単独事件を想定して新件（新たに裁判所が受け付けた事件）の記録の読み方を見ていきましょう。まず、裁判所に新しい民事訴訟が提起されて担当裁判官のところに記録がやってきたというところから考えてみたいと思います。いわゆる、新件がやってきたということになります。この段階では記録は厚くありません。訴状とそれから証拠書類がある場合もわずかなものが付いてきます。とりあえず証拠はなしで訴状だけ出してくる場合もあります。まずしなければならないのは争点の確定ですね。したがって出てきた訴状をまず裁判官が読んで、なるほど、こういうことを要求している事件なのだ、その根拠はこういう点なんだというところを把握します。まれですが、訴状を読んだだけでもうこの訴訟はダメだという場合もありますので、その場合は一回法廷を開いて審理を終えて判決ということになります。提訴期間経過後に提訴してきた場合などは訴え却下（いわゆる門前払い）の判決になりますが、訴状をちらっと見ただけでもわかる事案です。

そこまでの判断ができない場合には、さらに審理を続行していくわけですが、今述べた争点の確定というのはどんなふうにするのでしょうか。金銭貸借契約に基づいてお金を貸したけれども返してくれない、払ってほしいという、そういう単純な事件を今想定しましょう。まず被告が答弁書を出してきて何と答えるかによりますね。そんな金借りてないという主張をしたら、まず争点はお金を貸したかどうかという点になります。また、お金は借りた、でもすでに弁済済みであるという主張をし、原告がこれを否定した場合はどうでしょうか。そうするとこの場合は貸借の点は争点にはならず、弁済があったかどうかという点が争点になります。このように、双方の意見を聞いてみないと争点はわかりません。

もし貸借があったかどうかという点が争点になるならば、まずその争点を証明する証拠が出てきてしかるべきですね。借用書です。借用書というのはこういう裁判沙汰になったときに備えて作るものといっても過言ではないでしょう。借用書がないともう貸借を証明することは怪しくなってしまいますね。もちろん絶望ということではありません。情況証拠から積み重ねて貸したことを証明できる場合もなくはないですが、かなり難しくなってしまいます。

それから、弁済したかどうかが争点になる事案では、弁済したことを証明する書面を裁判官から求められることが多いです。具体的には領収書の類いです。ただ単にお金を受け取ったというだけではなく、「これこれの貸付に対する弁済として」という点が書いてあるかどうかで大きく違います。ただお金が誰から誰に移動したというだけだと足らないことも多い。だから、お金の趣旨が問題になります。銀行振込の証明だけだと何のお金か書いてないので弁済の証明としては不十分なこともあります。

証拠書類まで見てもまだどちらが勝つかはっきりしない場合には尋問を行うことになります。証人がいれば証人尋問をして、当事者本人を尋問する場合もあります。つまり、尋問というのは何でもかんでも、どの事件でもやるわけではなくて、尋問しないと結論が出ないという場合に限られるわけです。裁判所は必要もない尋問などしません。また、尋問する場合にも何でも気の向いたことを尋問していいわけではなくて、どちらが勝つか負けるか左右される争点に焦点を当てた尋問をしてもらいたいわけです。ですから、弁護士がそれからずれた質問をした場合には、そこはもう結構ですからどこの点をしっかり聞いてくださいというような訴訟指揮を受けることがあります。

尋問が終われば裁判所の心証（裁判官が証拠の価値を判断して抱いた確信）は形成できるはずですから、どちらがどういう理由で勝つというところまで裁判所の考えが確定するわけです。裁判官はこの心証形成ができるよう法廷で神経を集中しなければなりません。あとは判決を書くばかりです。ただ、判決する場合には記録全体を頭に入れて判決起案をします。その途中ではその段階に応じて必要な部分を読むことになります。

半分程度は和解で終わる

民事訴訟の現実は事件の半分程度は和解で終わります。円満解決ならば、その後の履行（たとえば約束した金銭の支払い）も自主的に（強制執行をしなくても）してもらえる可能性が高まります。裁判官は判決を書く手間が省けます。弁護士も早めに報酬をもらえます。当然、弁護士も和解の可能性を胸に秘めているはずです。そこで裁判所から当事者に対して和解の可能性を打診することがあります。多くの当事者は裁判所から和解の勧告を受けて和解の場を設けましょうということになります。

記録を読むといっても同じ記録を何度も読んでいる余裕はないので、段階に応じて必要な情報をピックアップするということになります。

裁判官が記録を読むときにメモの取り方をどうするかという話をしましょう。メモを取らずに全て頭に入って一生忘れないという頭脳の人以外は、何らかのメモは作るだろうと思います。ごちゃごちゃ長いメモは作れないので、一件で紙一枚程度というのを原則にしています。

まず、本件訴訟がどういう訴訟なのか、訴状を見てそこの要点を書きます。答弁書を見て、被告がどういう対応なのかということを書きます。複雑な事案では、争点ごとに双方の意見を一覧表のようなものにまとめることもあります。争点がわかると尋問で注目する点がわかるので、そこをピックアップして印でもつけておきます。尋問の途中でも争点ごとに判断が可能になるようなメモをとっておくわけです。メモというと軽いイメージになりがちですが、そうではありません。多くの事件を担当していても、そのメモ一枚を見るだけであの事件かというのをすぐ思い出してきて、審理の段階、今現在の問題点などもすぐに頭に思い浮かぶというふうになる必要があります。

実務上では案外この点が重要です。書記官がある事件について話しかけてきた場合、とっさに何の事件かがわからないでは用が足りません。手持ちの係属事件数が二〇〇件とか三〇〇件とかになると、すぐ思い出せるか疑問ですね。そんな場合、このメモ一枚を取り出して見れば、直ちに記憶がよみがえる必要があります。あとは各人の工夫次第です。

刑事事件の場合

今、審理の段階に応じた記録の読み方、これに応じたメモの取り方を述べましたが、刑事事件では若干違います。まず、刑事事件では第一回の審理の法廷に入るときに、裁判官は起訴状しか持っていません。証拠書類などは何もありません。そういう法律上の制度になっています。裁判官にいろいろと予断を与えないで、真っさらな状態で審理を始めてもらいたいという趣旨から定められています。したがって、裁判官は起訴状にあること以外には事前にあれこれ準備してから法廷に入るわけではありません。まず、第一回審理で起訴状の朗読、被告人の認否の後、検察官が立証活動をします。自白事件の場合は、第一回審理で検察官の証拠は全部裁判所に提出されます。その後、情状証人尋問、被告人質問などを行って検察官と弁護人の最終意見を聞いて、審理は終わることになります。

自白事件の場合、あまり大事件でなければ、第一回法廷で審理は終結し、あとは判決を待つばかりというふうになります。判決はおおむね一週間先ぐらいだろうと思います。自白事件の場合は、犯罪の成否はあまり問題にならないので、量刑つまり刑の重さを決める段階が重要になってきます。当然、被告人も量刑が最大の関心事です。自分はもうやったと自白しているわけですから、あとは刑の重さがどうなるかという点に焦点が当てられます。特に、実刑か執行猶予かという点が大きな差になってきます。執行猶予であれば当面は（執行猶予が取り消されない限り）刑務所に入らないで済むわけですから、判決後すぐに家に帰れるし、今までと同様の生活が送れるわけですけども、実刑ということになると裁判所が決めた期間、刑務所に入らなければなりません。そういう意味で実刑か執行猶予かという点が大きな問題点になります。特に、実刑になってもおかしくない、執行猶予になってもおかしくない、ちょうど境のあたりに位置する事案であると、裁判官も悩ましいですし、被告人本人も検察官も弁護人も量刑に特別の関心を持って臨むはずです。

日常的な事件でいえば、無銭飲食を取り上げましょうか。二回目か三回目までは、親族も被告人に代わり飲食代を払ってくれますが、性懲りもなく無銭飲食を繰り返している場合には、親族からも見放されもう誰も弁償してくれませんので実刑も視野に入り始めます。この段階になると、親族もあきれ果てて来ないから、傍聴人はゼロというのが普通です。

交通事故なども、過失の具合で執行猶予をつけるだけで終わるのか、実刑になるのかで、相当悩みます。いくら悪気がなかったとはいえ、スマホを見ながら猛スピードで運転して死亡事故になった場合などは、うっかりにも程があるという理由で、実刑になることもあります。とはいえ、それまで真面目に生活していた会社員などを刑務所に入れるとなると、その後の人生が狂いかねません。裁判官も相当に悩みます。

ちなみに私の知っている裁判官は、「これは実刑だ」と決めて、判決を書いて法廷に向かったのですが、いざ判決を読み上げようとしたとき、被告人が哀れに思えて、「心がくじけて、執行猶予をつけた」と言っていました。あまり知られていませんが、実は刑事事件の判決を言い渡すときには判決原本が目の前になくても草稿があればいいのです。なので、この裁判官のように、判決する際にその場で内容を変えることもできるのです。

否認事件の場合

一方、否認事件になるとどうなるかというと、もうこれはその犯罪をやってないと被告人が言うわけですから、まず検察官の方に詳細な立証を求めることになります。争点に合わせて詳しい証拠調べを実施することになります。証拠調べが終わるだけでも何年もかかることがあります。この場合、被告人は有罪か無罪かを決めるだけでなく、もし有罪であるならば量刑も決めなければなりません。刑を決めるには、その前後の事情も重要になってきますね。量刑事情といいます。事件の動機は何か、その残虐性はどの程度か、事件の後被告人はどうしたか、逮捕された後も弁償してないのかあるいは何らかの弁償をしたのか、とかいう点が争点になります。これらの事情を基礎にして刑を決めるわけです。法定刑の幅が広い（たとえば、殺人罪の法定刑は死刑または無期もしくは五年以上の懲役）ので、量刑の判断が重要になってきます。当然、以上の点に応じたメモを作ることになります。否認事件のメモとなると相当に詳細ですね。ただ実際には否認事件は一割もないですから、選び抜かれた少数事件だけ否認事件として詳細なメモを取るということになります。

合議事件のうち、まず民事事件についてだけ一瞥しましょう。合議事件ですから三人の裁判官がいるわけですが、主任裁判官（その事件を第一番に担当する責任を負う合議体の構成員）にはおおむね左陪席の裁判官がなります。最も経験が浅い裁判官ですので、教育する意味でも裁判長の指導があります。主任裁判官は記録を全体にわたって丁寧に読む必要があります。それで、問題点をピックアップしてその点を評議の議題とする次第です。評議というのは構成メンバーの裁判官三人で相談して進めます。裁判長は議長を務めますがその資料の調査と提供は主任裁判官の仕事です。したがって、主任裁判官は、意味のある評議の前提となる資料を集めて他の二人の裁判官に提供する必要があります。この段階で有効なメモが作成されるかどうかが主任裁判官の力量になるわけです。法令、先例などを調べることは、その段階までにしておく必要があります。

着任直後の記録の読み方

転勤して着任した直後に訴訟記録を読む要領などについて概略を説明します。民事単独事件の場合に限って若干述べます。着任によって担当することになった事件は、訴訟の審理の段階によりまさにいろいろです。訴状を受け付けたばかりの段階、主張を出させて争点を確定しようという段階、争点の確定が終わって和解を進めようかという段階、和解がうまくいかないので、証人尋問、本人尋問に入る直前の段階、これら尋問が終わった段階、その後の証拠の提出も終えてまさに判決する直前の状態など、いろいろな段階があります。判決する直前の段階にまで審理が至っていた場合、前任の裁判官が判決まで書いてくれればよかったのではありますが、他の事件との関連などもあり、場合によって判決は後任者に書いてもらうということもあります。

こういう審理の段階がいろいろある記録を引き継いで、まずどう読んでいくかということですね。期日の入れ方のところで述べたように、民事単独事件は週一回か二回の法廷にあわせて読んでいくことになります。そうすると、四月に転勤した直後は期日が入っていないでしょうから、四月の第三週あたりから期日が入っているとしましょう。そうすると最初の期日の前日までに記録は読んで頭に入れておかないとなりません。特に、訴訟の段階を理解してとりあえず次回法廷でやることを考え、予習をしておかないとならないわけです。単独事件ですから、訴訟指揮も自分でやるわけです。ひとりで訴訟指揮ができるようになっていないといけません。訴訟指揮とは、訴訟の司会進行をすることなのですが、記録を読んでいないと、訴訟指揮はできません。何をやったらいいか分かりませんという状態で法廷に行っても、次に誰が発言してどんなふうに答えてということが実行できないのです。これでは法廷に出てこれまでの進行を無視した発言を連発して批判を受けることになります。

したがって、訴訟指揮に困らない程度の準備はしておく必要があります。ただ、着任直後にあまり根本的に理解するところまでやっているとその期日までに他事件の記録が目を通せないで収拾不能になってしまいます。したがって、深くじっくりと読むというのは、最初の法廷が終わった後に考えればよいということにして、とりあえず訴訟指揮ができる程度にまで記録を読みます。それも期日の前日までに読み終わっていればとりあえずよいので、手持ちの事件が一巡するまでこの状態が続きます。

着任して初めて見る訴訟記録を読んで頭に入れて法廷でミスのないように訴訟指揮を

するというのは一見すると大変そうに見えますが、そこはあまり奥の深い理解までしていなくても、当事者も了解していますので、それが十分検討していないからけしからんというような発言は、最初の法廷では少ないと思います。ただその事件がもう一回回ってきて二回目の法廷となったときにまだ読んでいないとなると苦言を呈されることは十分あります。

ともかく、転勤の直後は記録の読破に追われるということになります。転勤すると着任したときに担当する事件の記録は読んで頭の中にインプットする必要があります。たとえば民事で二〇〇件あるとしたら、そのすべての記録を読む必要があるんですね。それものんびり読んでいればいいというのではなく、毎月二〇件から三〇件ほど新しい事件がやってきますので、少なくとも入ってきたのと同じ件数を終えていかないとたまってしまうわけです。そうのんびりと読んでいるわけにはいきません。

ところが転勤直後ですから、引っ越しの荷物を開封して使えるように並べるのはもちろん、歓迎会その他の懇親会がありますので、必ずしも他の仕事や雑用はすべて切り捨てにして、記録を読むのに専念するというわけにもいきません。それで転勤後は特に忙しい。だいたい四月一日付けで転勤になると、五月の連休が終わるくらいまではもっぱら記録を読むだけという日々になってしまいます。裁判官をしていて一番苦しく感じるときです。

ある記録について、一度記録を読んで法廷も経験した事案についてはその後の読み方がだいぶ楽になります。というのは、その後に出てきた書類だけ見れば足りるようになるからです。厚い記録で最初の法廷の日までに読み切れなかったという場合には、最初の事件の法廷が終わってから読めば足ります。前回の記録にプラスされた書類だけ読めば二回目の法廷は準備できますので、だいぶ余裕が出てきます。その余裕をもとに、厚い記録で最初の法廷までに読み切れなかった分を読む時間も取れるようになります。三回目ぐらいになると夏休み近くになりますから、それまでには遅くとも記録は全部目を通しているという状態になるだろうと思います。したがって、着任早々、たくさんの記録を読むとは超人的だということはありません。全体として凡人というか普通の人ならば十分勤まるような職務量だと思います。

読んでないと、弁護士から叱られる?

こういう話をしてきたついでに、もし裁判官の能力が低かったり怠慢だったりして記録を十分読んでいないとどうなるのかという話をしましょうか。これは裁判官をやったことがない人にはわからないかもしれないですが。法廷で当事者から事件の中身について細かな質問をされてもわかりません。たとえば、当事者から証人を取り調べてほしいという申請があった場合、裁判所はその判断をしなければならないのですが、留保したままの状態で後任者に記録を引き継ぐということもあります。そうすると、着任した早々の段階で当事者からは「証人を採用してください、ご判断はいかがですか」などと聞かれることになります。この証人を採用するかどうかというのは、事案の全体を把握してようやく判断がつくので予習不足のまま最初の法廷に入ると耐えられなくなってしまいます。

それから現場検証に行く前に、できれば古い地図とか写真とかそういう書面化されたものを探してもらって、それで用が足りれば現場検証は省略したいなどと前任者が言っていた場合、一定のものは出てきたけれどもそれでも現場検証はやるのか、省略すべきだと考えるのかどうかについて、当事者から最初の法廷で聞かれることがあります。こういう宿題について回答できないでは、裁判所も困ったものだというふうに言われてしまいます。法律的な見解などについても、どちらの見解を取るかで裁判所の訴訟の方針が変わるような場合、やはり裁判所が取る見解を確定しておかないと先に進めません。

このような場合であっても、裁判官が「ちょっと」とか法廷で言っていると、双方の弁護士がまだ読めてないいんだなと理解して、今日のところは結構ですみたいなことを言って過ごすことがよくありますが、それも二回目になるとさすがにそうもいかない。以前、三〇年以上も前の経験ですが、「ちょっと」「ちょっと」で半年延ばした裁判官を知っていますが、まあ今だったらそんなのは許されないというか、ネットに公表されて騒動になってしまうのではないかなと思いますね。

弁護士からすれば、この裁判官は記録を読んでいないなというのはすぐわかります。四月に転勤して五月、六月くらいまでは仕方がないかなと、ちょっと気長に待って、夏休み前までは仕方がないかな、という雰囲気です。ただそれを過ぎてもまだ読んでないとなると当事者から文句が出るし、客観的にも怠慢という感じになります。その辺が微妙なところです。

今、当事者からの文句といいました。やはり予習していないと当事者には文句を言われます。先ほど述べた証人の採否も、裁判官の交代がなければ当然今日の法廷で決められる、あるいは決めるべき事案であるのに、裁判官が予習していないから決められないということになると、一回パスみたいなことになりますね。今日の法廷は弁護士から見ると無駄足だったということになってしまいます。そうすると、原告側としては「権利救済を急ぐ特段の理由があることは記録上明らかだと思います。今日ご判断いただけないとなると、それだけ救済が遅れてしまうので、当方の当事者はそれ相応の理由が示されないと納得できません。本日ご判断がいただけないとするならその理由をつまびらかにしていただきたい」などと弁護士に言われた場合、相当の文句なので、これについてさらに説明もできないとなると、いよいよ窮地に追いこまれてしまいます。

複雑な事件の分析の仕方

複雑な事件といっても、本当の意味の結論を左右する争点はそうたくさんありません。二つか三つあれば多い方です。それで勝敗が決まってしまうという場合、その争点別に客観的に考えていきます。

まず、相反する証拠があるときは詳しく分析します。殺人事件の否認事件で典型的なやり方が思考実験（ある特定の条件や前提を設定し、そこで起こると考えられる現象を理論的に追究すること）できますね。被告人がナイフで被害者の腹を刺すところを見たという目撃証言について考えましょうか。これは夜、街灯の明かりの下で見たということを証人が述べていたときに、その街灯の明かりで光は果たして十分か、目撃できる程度の十分な光があったのかどうか、ということがまず問題になります。それから、証人の視力はどうか眼鏡をかけているのかどうかということも関係ありますね。眼鏡が必要なのに、そのときたまたま眼鏡をかけていなかった、それではちゃんと見ることができないのではないかと、素人判断にもそんなふうに考えられることもありますよね。それから、視界を妨げるものがあったかどうか、街路樹があって枝が伸びてきていてやや視界を妨げるような角度にもなっていたとなると、見えたかどうか微妙な判断になってしまうこともあります。これら街灯の明かりで十分照らされていたかどうか、目撃証人の視力はどうであったか、視界を妨げる街路樹の枝がどの程度邪魔をしていたかというようなことは、目撃証言の信用性を決めるうえで重要な事実になります。業界用語ではこれらを補助事実といっています。

それからまた、証人と被害者は何か利害関係があったかどうか、被告人を助ける側で被告人に有利になるような証言をしたいと考えそうな立場にいるかどうか、逆に被告人を落とし入れる側にいるかどうか、これらは証言の信用性に関係します。また具体的な目撃状況は、当時の現場の客観的な状況と矛盾はないかどうか。これらもチェックポイントに入れる必要があります。これらのチェックポイントを全て頭に入れて記録の中の尋問調書や書証を読んでいく、あるいは証人尋問に立ち会うということになります。これらによって相矛盾する証言も最終的にはどちらの証言を取るかによって判断が進んでいきます。

一度やってみよう法廷傍聴

裁判官が見える化された場所というのが法廷だということがわかりました。テレビドラマで見るのとどう違うのかあるいは同じなのか、というところが微妙です。法廷傍聴したことのない人には一度やってみることをお勧めします。裁判官は法壇といわれる少々高い壇上に座っています。当事者席が左右にあってこれは対等に置かれています。あと傍聴席があります。この法廷の構造を見るだけでも、裁判というのはどんなイメージかというのはわかると思います。裁判長は訴訟指揮といって訴訟の司会進行をする人ですからいろいろと発言するんですが、陪席の裁判官はあまり発言しないので、これまた個人的に両脇の人は何をやっているのかということをよく聞かれることがあります。

でも、脇役とか付け足しとかではなくて、陪席裁判官もその裁判をする裁判機関のメンバーなんですね。前述の通り、壇上に三人の裁判官が座っている場合はその三人で合議体を構成して、その三人で審理をして判決も決めます。判決の場合だって多数決ですから、二対一で裁判長が敗れることもあります。この場合裁判長は自己の意見と違う判決を言い渡さなければなりません。一般人は、判決は当然言い渡す裁判長の意見だと思い込んでいる人がいますが、そうではありません。評決で敗れた裁判長で判決原本への押印を上下逆に押した人がいると聞いたことがありますが、法廷で不満を顔に出すことはありません。ただ、判決書には判決の意見を三人個別には書かないし法廷で述べることもないので、二対一か全員一致かはわかりません。以上見たとおり陪席裁判官は脇役というわけではありません。三人で担当の裁判機関を構成し事件を審理・判決しているのです。法廷傍聴の参考書には、井上薫著『法廷傍聴へ行こう』（法学書院）があります。

休廷の事情

審理の継続時間が長くなるとちょっと休憩を入れたくなることがあります。特に、証人尋問を長々と聞くと、その場にいる全員が疲れるので、適宜休憩を入れます。法廷の場合は休廷といいます。その間にトイレに行ったりお茶を飲んだり、息抜きをしているのです。裁判官は、その間、法廷から引き上げて裁判官室の中の自分の席まで戻って、そこでお茶を飲んだりしています。

普通はそうなのですが、今述べた合議体三人で相談して訴訟の進め方を相談する必要がある場合も休廷することがあります。法壇の上で相談しているとみんなに聞こえてしまいよろしくありません。そこで一旦休廷して相談するためにドアの後ろの評議室に机と椅子があるので、そこで相談します。判決をそこで書いて決めてしまうというのではなくて、進め方についてです。今日審理を終えるかどうかとか、今当事者からこの証人に尋問してくれと申請があったけども、それを採用して証人尋問を実施するかどうかとか、そういう細かな話になると後日ということではなくて、休廷中の相談で結論を出すということもしばしば行われています。

これは非公式に聞いたのですが、ちょっと表現が悪いですが笑うために休廷したようなことがあったとのこと。離婚訴訟での尋問です。法廷の場でありながら、双方ヒートアップしたようで、「なんだ、お前はいつでも強情で」「そっちこそ、なんなのよ」という具合になり、どちらももちろん真剣勝負でやっているし、尋問に対して答えているわけですが、傍から見ると痴話げんかといったら大変失礼ですが笑いがこらえられないし、まさか法廷で大笑いするわけにもいかない。裁判官は咳払いなどをして必死で笑いをこらえていたけれど、とうとうこらえきれなくなって、一旦休廷してドアの後ろで笑ったというのです。これが普通の人間の心理あるいは行動なのかなと思って、長く記憶しています。

評議室は評議をするための部屋ということになっておりますが、早く法廷に来すぎてしまって開廷時間まで待つスペースでもあります。さらにいうと、裁判官をやっていた経験からもわかるのですが、当事者あるいは傍聴人に対するポーズを示すために一旦休廷して何か慎重に評議をしたという体裁を作るためだけだった場合もなくはなかったように記憶しています。

法廷外が仕事の大部分

法廷は、裁判官の仕事全体から見るとどのくらいのパーセントを占めているのかというと、半分はいってないですね。記録を読んだり、判決を書いたり、民事だと和解を進めたりという時間もありますので、法廷だけといえば二割程度ではないかなと思います。

これまで述べてきたように法廷外の仕事が多いので、法廷傍聴を経験して裁判官の仕事が分かったというのは、ちょっと早計だと思います。ただ一番肝心なところは、法廷で情報が出入りするわけですから、法廷を軽く見て儀式の場みたいに考えるのは違います。法廷は重要な事実が出てくる場です。特に、刑事事件の第一回公判期日の法廷は、傍聴しているだけでもかなり分かります。どういう犯罪事実で起訴されたのか、それに対して被告人は罪を認めるのかどうか、証拠としてどういうものが検察官から出てくるのかなどということが聞いているだけで大体分かるんですね。もちろん大事件で証拠がたくさんあると分からないけれども、交通事故とか覚せい罪取締法違反であれば普通聞いているだけでも分かるのではないかなと思います。法廷傍聴する前に、法廷の入口脇あたりに本日審理予定の事件の一覧表が貼ってあります。そこに書いてある罪名で勘をつけてこれ分かりそうかなと思って入るとよろしいかなと思います。

裁判官が判決するためあるいは和解の方針を決めるために、事件の結論を大体想定して進める必要があります。そのためには法律あるいは判例を調べることが必要になります。法律は六法全書を見れば足りるじゃないかといわれそうですが、六法全書に載っていない条文が必要なこともよくあります。政府が定める政令とか地方公共団体が定める条例というのは六法全書に載っていませんが、ただ裁判ではよく使います。たとえば東京都迷惑防止条例では、公共の場所での盗撮やダフ屋行為を禁止し、罰則を設けています。罰則違反行為が起訴されてきたとき、裁判官は条文を六法全書以外の資料で確認しなければなりません。それから判例というのは過去の裁判所が出した判決のことですが、それが後々の裁判の参考になりそうな場合、それも調べることがあります。ただ、それをどこまで調べるかというのも一概にはいえなくて、たくさんの判例を調べてそれを参考にして担当している事件の結論を決めるということもあります。

デジタル化の功罪

最近、デジタル化が進行してパソコンで処理することが増えました。仕事の種類にかかわらず、実際やっていることはパソコンをいじっているだけということが多くなりましたが、裁判もそうです。法廷でされることを全部デジタル化するということは今のところできていませんが、ここまでデジタル化が進展してくるとどうなるか分かりません。法廷外の仕事のうち法律や判例を調べるという分野が、最もデジタル化が進んでいるかと思います。条件を入れて判例を見たいとパソコンに聞けば、こういうのがありますとたくさん出てきます。条件を絞って数件くらい実際の判決を読んでみるかというようなことが行われています。デジタル化によって非常に作業が早くなりました。それがない場合は、判例集という紙でできている本を読んでそれで判例の中身を理解したわけです。ただ、判例というのも膨大な量になっていますので、肝心の要点が載っているところに到達するのにかなり時間がかかります。特にあまり有名でない判例を調べる場合などはそれを手に入れるだけでもかなり時間がかかっていました。そういうことを考えると、デジタル化はプラスの面があります。

ただ、デジタル化の危険性というのもあるんですね。判例というのも先ほどいったように、具体的な事件の結果なのです。だから、具体的事件のいろいろな要素を取り込んだ結果、その判決が出たのです。いろいろな要素を知るためには判決理由に出ている細かな事実を読んでみないとわかりません。たとえば同じ殺人罪といっても千差万別。刑も一番重ければ死刑だし、軽い場合には懲役刑の執行猶予になったりという例もありました。なぜ同じ殺人罪でそんなに刑に違いがあるんだろうかと疑い、具体的な細かな事情を確認しながら判決理由を読まなければ、コトの本質はわからないのです。単に殺人罪でこういう刑が出たというだけではダメ。となると結構細かな事情が必要なのです。

ところがデジタル化が進んでしまうと、細かな事情は省略されてしまい、骨というか肝心と思われる部分だけをキーワードとして使い検索が終わっちゃったというふうになってしまうと、大きな危険があるんです。特殊な事情があったからこそその判決が出たという、そういう具体的な事情が読まれなくなるという危険があります。

端的にいうと判例の不当な一般化の危険です。その判決が出たその事件限りの具体的事情をインプットしないで結論だけ覚えるみたいな受験生気分で裁判をすることはとても危険なのです。ですから、デジタル化が進行したから楽でいいわとばかりはいっていられないところです。裁判というのも結局デジタル化できないで、人間の手作業というか、人間の頭で考えて工夫するという部分がかなり残ってしまうんだろうと思います。弁護士の仕事も裁判官の仕事もそうですが、デジタル化の恩恵は受けているものの、一番肝心なところはＡＩなどには頼れない。やや時代遅れ的な人手に頼るみたいな部分がかなり残されているように思います。

世の中全体がデジタル化して右から左へ流れ作業でいくような世の中になりつつありますが、その中で、裁判という仕事はデジタル化がしにくい分野だろうと思っています。最近よく耳にする人工知能を使って細かな条件までインプットすると判決の結論と理由まで考えてくれる時代が到来するのでしょうか？　ただ、人工知能が集積した過去のデータの範囲内で結論を出すのならば、画期的判決は無理かなとも思えます。保守的思考の人は、画期的判決が出ないようにデジタル化に邁進するのでしょうか？　デジタル化という社会の趨勢に流されるふりをして、判決内容まで統制される危険は常に把握する必要がありますね。

尊属殺重罰規定違憲判決の例で考える

今述べた判例の不当な一般化という現象は、例を挙げないとわかりにくいでしょう。そこでこの違憲判決を取り上げます。この判決は、最高裁が初めて法令の規定を違憲だといった判決で、裁判の世界では超有名な事件です。ただ、判例の不当な一般化の例としての検討は不十分です。

具体的事件はその事件限りの事情がありこれらを総合して一個の判決が出たのです。同じ事件は二つとありません。この点を念頭に置いて次の事件を吟味していただきたい。

この判決は法律の規定を憲法違反としその無効を宣言した初めての判例として有名です。すなわち、殺人罪の規定である刑法一九九条の法定刑は死刑または無期もしくは三年以上の懲役と犯行当時規定していましたが、尊属殺人つまり親殺しの場合の規定は、刑法二〇〇条が死刑または無期懲役とだけ規定してありました。一番重い場合、死刑になるという点では両者同じですけれども、一番軽いときは全然違いますね。普通殺人（上記刑法一九九条）の場合の法定刑の最下限は懲役三年でしたが、尊属殺人罪の法定刑の最下限は無期懲役、天と地ほどの違いがあります。この点が問題になった事案が本件です。尊属殺人すなわち親殺しの事案で、犯罪事実の概要を述べると以下のとおりです。

被告人は女性であるが、中学二年生のとき同居していた実父に姦淫され一七歳のときに父の子を産み、相次いで五人の父の子を出産した（うち二名は生後死亡）。母親は家から追い出され、被告人と父は一見夫婦と変わらない生活を営んでいた。被告人は二五歳頃から外に働きに出て、そこで知り合った男性と婚約した。被告人は父親から結婚の了解を得ようと話を切り出したところ、父は飲酒したうえ怒鳴り出し、連日にわたって、昼は飲酒のうえ結婚反対を唱え、夜は疲労に苦しむ被告人に容赦のない性交を求めて安眠を妨害した。そして、昭和四三年一〇月五日夜、父は飲酒の後被告人を罵ったうえ、座っていた被告人の両肩にしがみつこうとした。ここに至って、被告人はこの忌まわしい生活から脱出して自由を得るためには、もはや父を殺害するほか方法はないと考えた。

そして被告人は、過度の飲酒のため抵抗力を失っていた父を仰向けに押し倒したうえ、近くにあった紐を父の首に回して締め付け、父を窒息死させたという事案です。

被告人は尊属殺人罪で起訴されました。弁護人は、尊属殺の規定は憲法一四条一項の定める平等原則に違反し無効であると主張しました。憲法一四条一項は、「すべて国民は、法の下に平等であって、人種、信条、性別、社会的身分又は門地により、政治的、経済的又は社会的関係において、差別されない」と規定します。第一審である宇都宮地裁は弁護人の主張を入れて、尊属殺の規定を適用せず、普通殺の規定を適用して過剰防衛とみて刑の免除を言い渡しました。検察官からの控訴を受けた東京高裁は第一審の憲法判断を覆し、尊属殺の規定を適用して法律上可能な減軽をしたうえ、結局一審判決を破棄して懲役三年六月の実刑を言い渡しました。弁護人からの上告を受けた最高裁大法廷昭和四八年四月四日判決は尊属殺の刑法の規定を憲法違反であると断定して普通殺の規定を適用したうえ法律上の減軽をし、結局控訴審判決を破棄して懲役二年六月、執行猶予三年の言い渡しをしたという顚末(てんまつ)でした。この事件についてもう少し詳しく知りたい方は、井上薫著『司法は腐り人権滅ぶ』(講談社現代新書)第一章を参照していただきたい。

憲法違反の問題点については、大法廷は刑法二〇〇条の規定は平等原則（憲法一四条一項）に違反して無効であるといい、普通殺の規定を適用することにしました。それにしても親を殺したのにどうしてこれほど軽い扱いになったのでしょうか。それは先ほどの犯罪事実の点で述べましたように、本件事案の特殊性が明らかであるからです。というのは、被害者である父親の反倫理性に伴い、被告人の責任が軽くなったためです。裁判官も、このような気の毒な境遇にある被告人を実刑にしたくなかったんだろうと思いますね。そしてその結論を導くためにこれまで採用したことのない奇抜極まる憲法違反という主張を採用したのです。この特殊性ゆえの判断なんですね。裁判官は、この特殊性に応じた妥当な結論を導くための万策がつきてやむをえず憲法違反の判断をしたのです。

では、すべての親殺しについて、尊属殺人罪の規定は憲法違反であると言えるのか。そんなことはありません。本件のような特殊性がない事案にまで「尊属殺人罪の規定が無効である」という理屈を広げるのは不当な一般化にほかなりません。この点はデジタル化とは無関係にいえる理屈ではありますが、キーワード検索が要のデジタル化が進行するとその事件の特殊な事情は省略して「尊属殺人罪の規定が無効と判断された」という点だけがさらに一層一人歩きする危険性が大きいと思います。

実際には、この判例以降検察官は尊属殺人罪の無効を前提にその罪で起訴しなくなりました。法律の規定が廃止されてもいないのに適用されないとは？　こういう事態を見てデジタル化の時代に判例の不当な一般化に対する警鐘としてこの判例を取り上げた次第です。

裁判官の心証とは何か

インプットが完了したら判決をしなければなりませんので、まず心証を形成しなければなりません。裁判官がどちらが勝つかとかどういう理由で勝つかとかを心の中で判断することを心証を形成するといっています。これは業界用語ですね。ところがそこが一番肝心なところなのですが、必ずしもデジタル化はできないし、マニュアルみたいなものもあまりありません。まさに事案に応じて心証を形成しなければなりません。マニュアルがあってこういう場合は右行ってこういう場合は左行ってという単純化ができない部分がかなり残ってしまいます。

審理の途中で心証が変わることもあります。訴状を見ると普通の貸金請求事件でした。

でも答弁書を見たときおやっと思いました。金は確かに受け取った、でもこれは貢いでもらったものだというのです。当事者の氏名からすると原告は男性で被告は女性です。でも請求額は一〇〇〇万円ですよ。そんなことってあるのかなとやや懐疑的な心証でした。でも本人尋問のときに被告本人の顔を見るとかなりの美人です。これはひょっとすると……。あとは内緒です。

裁判官も以上のような仕事をしながら、もちろん後で述べる私生活もあります。そこでは社会常識もあるし、新聞やテレビも見るので情報は入ってきます。今の情報化社会では、むしろ、情報が多すぎて何を捨てるかで苦労するような状態です。そんなにたくさんの情報が溢れているのだから、その中から間違いない情報をピックアップして良い裁判ができるのではないかと思うと、必ずしもそうならない場合があります。その一つが、裁判官の普通の生活からかけ離れたことです。

暴力団内部の抗争などというと、裁判官が個人的に知りうるような話ではありませんが、ただその種の事件も時々あるので、裁判官の経験が長い人は個人的に知っているわけではないけれども、そういう暴力団の組織の中の具体的な事情などもかなり詳しくなる場合もあります。そういう意味でイレギュラーではありますがその業界の情報も知っているというようなことも出てきます。

私が修習生の時の経験です。暴力団員が被告人でその内妻が情状証人として証言したときに、裁判官が、「子どもを抱えた生活が大変だといいましたが生活費はどのように工面しているのか」と尋ねました。すると証人は「組からもらっている」と答えました。法廷後に裁判官に聞くと、「組から生活費をもらったら刑期が終わって出てきた後も義理が残り、組のために働かざるをえなくなる。結果として再犯の可能性が高くなる」と説明を受けました。再犯の恐れが高いことは、量刑を重くする方向に機能します。だから、「組から生活費をもらっている」という点は、判決の結論（ここでは量刑）を左右する重要性があります。私は法廷ではそのように頭が回転せず、いい勉強になったと思いました。

刑事事件で保釈を認めると判断した場合、さらに保釈の金額を決めるとき、犯罪の内容、犯罪に至る経緯、保釈したら逃げる可能性はどうかとか、それからお金をどのくらい持っている人だろうかとか考慮に入れます。保釈金を決めたものの払えないような金額だったら意味がないわけで、その辺をどう判断するかというので、総合的な評価をしなければなりません。ところがものすごいお金持ちの保釈金だと、間違ってしまいがち。

裁判官は個人的にはそんな金見たこともないし持っていないような金額、一〇億円だなんてそんな大金でいいんだろうかと思っていると、その被告人にしてみるとそんなの小遣い銭だということもあるわけです。そうなると、やっぱり保釈金の金額を決めるのも間違う可能性が出てきます。

裁判官になる人たちは、おおむね学業優秀で純粋培養の人が多いといってもいいでしょう。これに対して、刑事事件の被告人となる人たちの波乱万丈の人生は、裁判官の想像もつかないことだらけ。最初のころは戸惑うことだらけでした。今思えば、刑事事件はすべてびっくりの対象でしたね。

第二章　判決という重圧

判決を起案する

以上のようなインプットを積み重ねた結果、判決を起案する段階がやってきます。判決を起案するというのは、裁判官の仕事の負担量が大きいです。どのくらいというのは難しいですけども、判決は文章で書いて書類を作って当事者に送ります。判決書自体は永年保存ですからあまり変なことは書けません。誤字脱字はもちろん加減乗除を間違ったりするとその間違いが一生残るわけです。それに説得力を持つ文章を書こうと思うと、もうきりがありません。一旦完成したと思っても気になって見直すときりがないということになります。長い判決ですと、判例時報という判例が登載される旬刊の雑誌が一件の判決で埋まってしまうことすらあります。実際の判決原本では、紙の厚さが数センチとかになる。文章量も多いしこれはかなり判決起案が大変ですね。私も記録を自宅に運び込み三か月くらいかけて書いたことがあります。自宅に帰るとそればかりということがありました。こうなるともう私生活がほとんどなくなってしまいます。今述べた私の経験では、起案で季節が一つ吹き飛びました。

ちなみに、裁判官の中には自宅で起案する「自宅起案派」がわりと多いです。もちろん裁判の仕事ですから、役所の裁判官席の机で記録も読んで判決も起案するのが原則だろうとは思いますけども、なかなかそれだけでは終わらないので、記録を自宅に持って帰ってそこで起案するということが多くなります。これも人によって様々なのですが、どちらかというと自宅起案の方が中心だという裁判官も多いのではないかと思います。役所にいると、いろんな人が来たり電話が鳴ったり落ち着いてできないから、自宅に帰ってから誰にも邪魔されない環境で心静かに起案をするというのが好みの人もかなりいます。それをやっているとほとんど私生活がなくなってしまうということになります。二〇年来プライベートがなかったみたいなことを自慢げに宴会で話している裁判官に出会ったこともありますが、あながち大げさでもないだろうと思います。判決を書くとき考えるときりがないので、自宅起案派はもう自宅でも仕事ばかりというふうになりがちです。裁判官の仕事が裁判官室と法廷の往復で終わると考えては大間違いです。

判決を書きたくなくて、和解をすすめる裁判官もいる

民事の場合は和解で事件が終了することがあります。当事者双方がもちろん意見が合わないから訴訟を進めてきたものの、まあ証拠もだいたい出たし結論も想像つくからそれを前提に話し合いをしてそれで決めようという流れが和解を生みます。当事者だけではなかなか話がまとまらないので、裁判所が仲介するということが多くあります。裁判官というのは、判決を書く人ですからその人にいわれると説得力があります。このままだと負けちゃうよといわれたら、普通の当事者はじゃあ和解をお願いしますとなりがちです。そういうわけで和解がかなり行われています。先ほど来判決の起案の負担が大きいという話をしてきましたが、和解すると判決を書かないで済む。朝から晩まで目を酷使し続けている裁判官にとっては、嬉しいことです。勤労者としての労力の使い方という点からしても和解の魅力は捨てがたい。実際、民事事件の半分くらいは和解で終わります。

和解をするとその事件は一件落着となり、事件は終わってしまうので、当然、裁判官は判決を書く必要がなくなります。書きたくても書くこともできなくなります。この辺の事情は、あるいは国民一般はあまり知らないのかもしれませんね。でも、この和解に

よる効果というのは、裁判の現場では重要性があります。つまり判決を書く労力がゼロになってしまうわけですから、これは裁判官にとってみたらかなり労力の減少になります。判決を書くのにどのくらいの負担かということは他の項目でも時々触れてきましたけれども、改めて考えましょうかね。判決は、双方の主張と立証を全て頭に入れて、裁判官が考えをごちゃごちゃとまとめて結論を出してこれを文章化する作業の結果生まれるのです。判決の文章の量ですけれども、事案によりますが、たとえば複雑な事案であったり、当事者が多いとか、相反する証拠がたくさんあって判断が微妙だなという場合、あるいは憲法問題のような重要な法律問題がある場合、また前例がないケースという場合、これらの場合には裁判官が判決を書く負担はかなり大きくなります。これらの事情が複数含まれる場合はますますその負担が大きくなると思います。裁判官も楽をしたいと思うならば、判決しない方法を考えるしかなくなります。できれば和解に持ち込みたい。そういう心理が常にあります。

判決した方がよい事件

しかし、内心は和解にせず判決を出したほうが世の中のためにはよいと思うケースもあります。たとえば、医療訴訟などは、どこに責任の所在があったのかを明らかにするためにも、判決を出したほうがよいと思います。和解では原因や責任がすべて闇の中で終わってしまい、医療の前進が遅れてしまいます。一方で、夫が浮気して離婚になった——などといった裁判は、和解でよろしいかと思います。

ときには国家賠償を争う訴訟でも判決に至らない事案もあります。学校法人森友学園（大阪市）への国有地売却をめぐる財務省の公文書改ざん問題で、改ざんを強いられ、自殺した近畿財務局職員の妻が、国に損害賠償を求めた訴訟は記憶に新しいことでしょう。この裁判では、国側が遺族側の請求をすべて受け入れたこと（こういう手法を「認諾」という）により、判決を書かずに終結しました。本件については文書改ざんについて、しっかり事実認定をし、政府の法的責任を明確にするために判決が出たほうがよかったと思いました。

国は責任を追及されるのを恐れて、認諾を選んだものと思います。どうせ支払うお金は税金ですから、そのほうが楽だと思ったのだと思います。これは裁判官の怠慢のせいではないのですが、印象的だったので付記しておきました。

ちなみに、刑事事件では和解という制度はないので、和解による労力の減少という点は民事裁判官の役得といってもいいでしょう。裁判官も勤労者としての利害関係があるということを、国民も当然知るべきです。裁判官の勤労者としての一面を正当に評価して、裁判官の心情がどのように動くかということも知る必要があります。できるなら楽をしたいという勤労者としての裁判官の心情というものは影響力が大きくて、この点を知らなければ、国民レベルの目からしても、法律専門家の目からしても正当な議論はできないと思います。こういう点からしても裁判官の俗人としての生活ぶり、考え方が透けて見えるだろうと思います。

決断力が必要

判決を決めるためには一定の決断力が必要です。微妙な事件では特にそうです。裁判は、どちらが勝つか負けるか最終的に決めなければならない仕事ですから、これは当然のことかと思います。ただ、死刑か無罪かということになると、決断力といっても重いですよね。常識ではちょっと理解し難いほど心労が増えるでしょう。それが仕事だといえばそうなんですが、やはり決断というのは重いものだなと思います。

思い返すと、死刑判決の前に心理的に不安定であった裁判官がいました。裁判官室の席に座っても落ち着かず、昼食も取れない様子でした。判決後もこの件を話題にしがたい雰囲気でした。他の人にはわからないご苦労があったのだろうと推察するしかありませんでしたが。

また、誠に恐いけれど、暴力団員に判決を下すこともありました。私は普通に淡々と事件を進めましたが、傍聴席は暴力団員らしき人たちでいっぱいです。不安の心理は否定できません。何しろ、日本の裁判所の設備は貧しく、ほとんど無防備ともいえる状態なのです。傍聴席の彼らが本気で暴力行為に出たら、阻むものは何もありませんでしたから。女性の裁判官であればまたさらに違った心理になるのもしれません。

ただ、多くの場合は法廷に連れてこられる暴力団員である被告人は、裁判官の前では大人しく、神妙にしているのが常です。それはそれはしおらしく、この被告人が本当に犯罪に手を染めたりするのだろうかと目を疑ったことも一度や二度ではありません。要するに、これが「プロ」の犯罪者なんでしょうね。

反対に、少年審判で、審判廷に来た少年が裁判官の前で「さあ、俺をころせ！」などと叫んで床に大の字になる——といった奇行が報告されますが、それこそが子どもの証です。暴力団員たちは、私が知っている限りは、法廷では一様にしおらしいのです。裁判慣れしているというのでしょうか。これはこれで恐ろしいことでしたが……。

よく、新聞あたりで画期的判決（憲法違反とか）が出たみたいな記事が出ますけども、画期的というのは、今までの流れとは逆の結論をとって時代を一歩進めたみたいな判決を想定しましょう。この画期的判決というのは、書くのは大変なんです。今までの延長で判例に従って穏便な内容を書いている分にはあまり苦労もしないし悩みもしないものの、画期的な判決、今までなかった内容で、裁判所の前で万歳三唱が起こるような判決を書くとなるとそれは大変です。まず勉強しなければならない。先ほど来述べてきたように単に記録を読んで結論を出したら一件落着というほど単純ではありません。だから画期的な判決を出すのは大変であって、裁判官も一定程度限られます。能力がない人は画期的な判決なんて書けないですよ。

袴田事件の悲劇と、裁判官の怠慢

「まえがき」でも言及した袴田事件について考えてみましょう。袴田事件は昭和四一年に、静岡県清水市（現：静岡市清水区）の民家で発生した強盗殺人・放火事件です。味噌製造会社専務の一家四人が殺害されて金品を奪われ、家に放火されました。そのとき、同社の従業員だった袴田さんが逮捕・起訴され死刑判決が確定しました。その後、第一審の左陪席の裁判官が良心の呵責(かしゃく)に耐えかねて、守秘義務違反をおかして無罪の心証を持っていたことをテレビ番組で告白しました。私は、たまたまこの番組を見ていてびっくりしました。そのインパクトが大きく、後々の展開に注目してきました。

詳しい検討はこれからですが、私は、検察官の犯行時の着衣をめぐる主張・立証とその変遷はあまりに不自然で、社会常識に基づけば、とても有罪に持ち込めるはずもないとの印象です。だから確定審の段階で無罪にすべきだったと思います。第一審で三人、控訴審で三人、上告審で五人のうち、無罪の心証を抱いた裁判官は前記テレビ番組で告白した一人だけなのでしょうか？　最高裁の裁判官五人は、全員本件犯行は袴田さんがしたと認めています。再審で無罪判決が確定する段階に至るまでの間、当時の裁判官（上記一人以外）は反省の弁を述べていません。この司法の現状に私は暗澹(あんたん)たる思いを禁じえないのです。

誤判の最大の原因は、検察官の主張・立証に見る前記不自然にもかかわらず、裁判官が捜査官、訴追官の証拠の捏造を疑っていなかった点でしょう。捜査官、訴追官は、被告人を有罪にするために活動しているのであるから、証拠を捏造する動機は常にありうるのにもかかわらず。裁判官の心の奥底は、戦前のレベルを保ち、ひたすら根拠なく捜査官、訴追官を信じ、有罪判決をすれば一件落着というあたりではないか。人権尊重を謳う現憲法ができて七九年。それでもまだこれほどの人権侵害をして反省もないとは。今の裁判官は適任でないことは否定することはできません。

止まらない冤罪事件

冤罪はやまほどありますが、裁判官の偏見が明らかになったのは、女子高生への痴漢をめぐる裁判でしょう。決め手の証拠がなく水掛け論状態にもかかわらず、たまたま満員電車に乗り合わせたビジネスマンに有罪判決が下っています。

裁判官に、被告人は犯人だろうという先入観があり、何らかの「証拠」が出てくれば、無罪の人が有罪になることはありえるのです。この先も裁判所はいくらでも冤罪をつくり出す危険性があるのです。裁判官が普通の俗人となんら変わりがないからです。

以前、著名な元裁判官が大学の講演で、「君たちはどうやって判決を出すと思うか。理屈を積み重ねて結論に至ると思っているかもしれないが、裁判の実務では結論を決めてから理屈を練っている。そして、最初の結論は、『全人格的直感』によって決める」

としゃべっていた場面に居合わせて、腰を抜かしそうになったことがありました。何が、全人格的直感かと。直感は直感でしかありません。裁判官だからといって特別な直感などあるはずもない。いい加減な人ってどの世界にもいるのです。裁判官も同じです。

画期的な判決を書いたりすると、新聞に出るだけじゃなくて判例雑誌にも載ります。その中には今までのやり方を否定して独自の見解を述べたという部分が必ず出てきます。そうなると、後に述べるように、画期的な判決とは、場合によっては最高裁の意向に反しているケースもありますから、判決した裁判官は、その後の人事に不都合が生じることも予想されます。実際にあるかどうかは別としてそういう危惧を抱く環境の中にいます。人事の不都合を回避することが目的だったのか、「判例雑誌に載らないのを目標にやっている」と公言する裁判官もいました。

判決が書けなくて仕事をためる

以上のような困難はあるものの、それでも事件が次から次へとやってくるのでてきぱきと右から左へ事件処理していかないとたまります。そこが裁判官の悩ましいところ、現実的な困難ですね。審理が終わった以上判決を書かなくてはいけない。でも、そこで決断力がなかったり、画期的判決（同種訴訟の中で初めての憲法違反を言うとか）を書くかどうかで悩んだりしていると事件がたまってしまう。右から左へ行くというのは普通のやり方。ある事件で止まってしまい流れが滞るとこの仕事は続けていられないのです。

以上のような過程で右から左へ判決が書けない場合があります。当然のごとく、審理は終わったけれども、まだ判決していないという事件が増えます。あいつはためたといわれるんですけども、そうなると人事上の評価が下がるのはもちろん、当事者にも迷惑をかけます。おおよそ一か月で平均三〇件くらいの裁判がまわされる。裁判官はのんびりしているとすぐに事件がたまります。三か月で一〇〇件近くなるのですから、これは文字通り「雪だるま式」ですね。それだけ事件をため込んだ裁判官は、消費者金融で借金することの恐さが身に染みているかもしれません。

あまりためると当事者も文句を言いにきます。書記官室へ怒鳴り込んで「何で判決を出さないんだ」とか言ってくる当事者もいます。そうなると、裁判官も本当に追い詰められてしまいます。その結果どうしようもなくなると辞任ということになります。この場合はあまり評判にならないように、目立たずに辞める場合が普通かな。

夜間令状当番の苦悩

令状を発付するのは裁判官の仕事です。昼間の場合は刑事担当の裁判官が出していますが、勤務時間の区切り夕方五時を終わって次の日の勤務時間の始まり九時までの間は夜間令状当番という制度があって、その当番に当たった裁判官がやるということになります。大きな庁では夜間令状当番用に一室が用意されていて、ベッドもあってそこで寝ながら待機し令状請求が来ると電話が鳴って起こされて、それで令状審査に入るのです。令状というのは、逮捕状、捜索差押許可状等があります。それが昼間では間に合わないような急ぎの場合があります。犯罪というのは、裁判官が令状審査するのに都合のいい時間だけにやってくれるわけではないから、そういうこともありえるのです。

それから、土日や年末年始のような普通の官庁が休んでいる日に令状審査をする場合もこの令状当番の裁判官が担当することになります。大体一人で担当しています。そのため相談する人もいないし、ちょっと教えてもらう人もいないし、まだ裁判官になりたての経験の少ない人が当番に当たると結構悩んできついこともあります。どんな仕事でも似たようなものですかな？　ただ、令状の発付によって容疑者は大きな不利益を受けることがあります。著名人が逮捕されると一瞬にしてそれまでの栄誉が吹き飛んでしまう例はたびたびマスコミをにぎわせます。事件物のテレビドラマでは犯人が逮捕されるところで番組は終了してしまい、判決は省略される場合が多いです。裁判官だった筆者からすると、この国の「無罪推定」の大原則は一体どうなっているのかと不安にもなるのですが、一般国民にとっては、逮捕＝真犯人という図式が刷り込まれていることでしょう。そうした実態があるために、逮捕令状はとても重いものになっています。この令状の重みを思うと令状裁判官の苦悩も深いものがあります。

大勢逮捕とか、選挙後の夜なべとか

デモ行進で警官たちと衝突したというような事件では、大勢逮捕されてくることがあります。一人二人でなくて、たとえば一〇〇人とか一度に逮捕されてくると、令状の係も大変です。今述べたような事案ですと、大体現行犯逮捕ですから逮捕状はいりません。ただその場合、勾留という手続が必要となります。現行犯逮捕されてから勾留手続に移るまで、途中で裁判官が逮捕されてきた人に直接会って供述を聞かなければいけないことになっています。これを勾留質問といいます。一〇〇人も逮捕されてきたら大変です。むろん一人では対応できませんから、その場で対応できる裁判官を動員します。勾留質問の部屋の確保も大変です。裁判官以外の職員も動員されて部屋の確保等に当たります。

もう一つ誰も知らない裁判官の大変な一面をご紹介します。それは選挙後の夜なべとでもいえますかね。だいたいは公職選挙法違反（買収が多いです）です。投票締め切りが夜八時ぐらいとすると、その後令状請求が来るんですね。当然夜ですよ。そうすると夜間令状当番の出番です。

私はある地方裁判所にいたときに、それに当たりました。捜索差押許可状請求がまあたくさん来ること。証拠が入手できそうな関連先数か所を捜索するために個別に令状を請求してくるのです。一件で五、六か所の令状が普通です。公民館で多数人に現金を配ったら、それはもう多数の令状請求間違いなし。警察は、選挙違反事案の内偵捜査は終了し令状請求の書類はすでに作成完了していて、投票終了直後にまとめて請求してくるのです。捜索差押許可状には五か所ぐらい押印するのですが、仮にそれを一〇〇通押すとなると押印が五〇〇になります。そんなに押していると手のひらが赤く充血して痛くなります。そういう場合はタオルを濡らして手に巻いてそれで押し続けたことがありました。誰も知らない苦労といったら苦労なんですが、そういうことが本当にありました。

結局のところ、朝まで一睡もできないで令状審査をし続けたという日がありました。

それでも次の日は普通に仕事が始まるので、要するに睡眠時間ゼロで丸二日間続けて仕事をやったということがありました。その後、選挙があると、また誰か裁判官がそういう目にあっているのかなと思っています。

公務員でも会社員でも残業すれば残業手当が出るのが普通ですね。労働基準法に違反して出さないという会社もあるとは思いますが、少なくとも建前上は出すことになっています。ところが裁判官に関しては残業手当はありません。後に述べる裁判官の報酬というのは決まっていますが、その報酬の中に含まれているという考え方しかない状態です。自宅で判決起案をしても、残業手当みたいなプラスアルファはありません。これがちょっと普通の人には理解し難いかと思うんですけども。では残業なんかしなければいいじゃないかと思うかも知れませんが、残業なしでいると、判決起案ができなくてたまってどうしようもないとか、令状当番が誰もいなくなっちゃうとか、そういうことになるわけで、拒否する人は現実にはいませんでした。

目立つ事件でスター気分に浸る

裁判官は比較的消極的な人が多いのですが、中には、目立つ仕事をしたいと願っている裁判官もいます。新聞に大きく出るような判決、たとえば憲法違反だとかというような判決は、裁判官にしてみるとちょっとしたスターになった感じですね。テレビのニュース番組で法廷場面が放映されますし、傍聴席から見ると真ん中に裁判長が座っていて判決を読み上げたりするとスター気分になります。一方、世の中そういう著名でない裁判もたくさんあります。数からいえば地味な裁判が仕事の大多数を占めます。著名事件以外はそんなスター的な要素はありません。そうなると、いつもは仕方がないけど、たまには自分も目立つ仕事をやりたいと思う裁判官もいます。

徹夜までして一生懸命に書いた判決です。報道陣の前で朗々と読み上げて、テレビや新聞で大きく報道されることを想像すると、なんとも高揚するのでしょう。

裁判官室を後にして、法廷に向かう際には、「ジャーン」という音楽まで頭の中で聞こえてくるかもしれません。しかし、扉を開けてみたら、新聞記者は皆無だった――などということもあり、「あれ」と拍子抜けする場合もありますが。

ぜひ報道してほしいと思っていても、裁判所は弁護団のように記者クラブに赴いて、「明日の判決はすごく面白いから、ぜひ法廷に来てね」と事前に予告することはできません。ですので、せっかくの判決なのに、誰も注目してくれなかった……などと残念に思うこともあるのです。

判決などで目立たない地味な人生を送るようにしている裁判官がかなりいて一つの傾向を成している一方で、一部の裁判官が判決などでスター気分を味わいたいというのは、これとは相反する考え方だと思います。むしろ世間で目立ってスターのような立場になりたいというのですから。ではこれらは矛盾しているのかというと、そうとも限らないのですね。やはり裁判官も大勢いますから、性格も違うし、考え方も違う裁判官もいるだろうと思います。また事件によりますかね。それで中にはスター気分を味わいたいと、そういう出番が回ってこないかなと期待している裁判官もいるだろうと思います。著名事件の判決の言い渡しで裁判長としてテレビに出たいと思っても、それは別におかしいことではありません。普通の裁判官の職務のうちですから問題などありません。

もちろん、裁判官の職務とは別にテレビに出るとなると話は別です。時によっては脱線して裁判官にふさわしくない発言をしたということになると、場合によっては懲戒処分だとかということもあるだろうと思います。しかし、判決の言い渡しで正当な手続のもとに写真撮影とかテレビ録画などがされて放送される分には、別に悪いことはしていないわけですから問題はないわけです。憲法違反を含む判決を言い渡すと、だいたい新聞ではトップニュースとして扱われ、新聞の一面に出ることが多いのではないかと思います。私もカメラが法廷に導入された初期の頃の話ですが、写真撮影が行われて新聞の記事に写真が載ったことがあります。そのときに記念にどうぞということで新聞社から写真をもらったことがありました。私はそこまで考えて仕事をしていたわけではありませんが、結果として悪い気はしませんでした。この辺は微妙な心理で人によるので、何とも言えませんが、スター気分を待ち焦がれている裁判官も中にはいるといってもよろしいだろうと思います。

注目される判決を出すためには

そういう裁判官からすると、著名判決が出る可能性があるポストに座らないとならないわけです。でないと、いくら心の中で願っていてもその願いは実現されないでしょう。その著名判決が出るポストというと、現実には地裁の本庁の民事部または刑事部がその可能性が比較的大きいですね。全国で裁判所といっても大規模な庁もあるし、小規模な庁もありますね。そういうこともありますけども、本庁は比較的大きな事件を扱いますし、特に東京地裁の本庁となると全国的な政治経済の中心ですから、それ相応に首都ならではの大きな事件が来ます。そうなると、そういう著名判決に当たる可能性が高くなるわけです。それとは逆に、地裁の支部や家庭裁判所となると、そういう著名判決はあまり期待できません。こうなると、どのポストに座るかということに関係してきますから、裁判官人事と連動しているということはお分かりになるだろうと思います。

念のためにいっておきますと、裁判官は事件を選べません。自分はあの事件を担当してみたいと思っても、そうはならないシステムなのです。受付順に自動的に事件係が係属先の裁判体を事務的に割り振っていきます。したがって、裁判官があの事件をやりたいと思い、あらかじめそのような希望を事務方に伝えておいても効果はありません。裁判官は自分の係にやってきた事件を担当するという消極的受け身的な立場なのです。

このあたりは、弁護士とは全然違いますね。弁護士は事件を選ぶことも仕事のうちです。前に述べたと思いますけれども、裁判官が御用聞きに回って事件を集めてきたり、自分がやりたい仕事を見つくろってピックアップしたりというようなシステムにはなっていないのです。そういうことを認めてしまうと、判決が影響を受けてしまう可能性がありますね。憲法問題で一定の見解を持っている人が裁くと、必ず結論が先に出ているような状態になってしまって、公平性が失われてしまいます。だから、裁判官が能動的というか、積極的に事件を選んで自分はこの事件の判決をするとかいうことができないようにして、最終的に裁判の公平を保つように図っているわけです。

定年間近に思い切った判決をする

概して裁判官は、受動的で消極的ですが、定年間近になると、急に思い切った判決を書く人もいます。地裁と高裁の裁判官の定年は六五歳です。簡易裁判所の裁判官は七〇歳です。定年間近に思い切った判決をしてももう人事上不利益は受けないですから、ありうるのです。新聞に出るような憲法違反とかいうような判断になるとだいたい合議体ですね。裁判官は三人います。裁判長が定年に近いかどうかという話になります。でも両陪席は若い人が多いですね。裁判長と一〇歳とかもっと年齢が若いとまだ定年に近くはありません。ですから、画期的な判決に関与して将来人事上不利益を受けるのではないかと危惧する場合もあります。

下級裁判所裁判官は、ほとんど最高裁の意向に沿って仕事をしています。そのため多くの裁判官は上ばかり見ているからといってヒラメ裁判官などと悪口を言われたりしますが。思い返せば、最高裁の教育は、司法修習生時代から始まっていました。司法修習生になると、司法研修所で判決や起訴状などの書き方を学びます。書き上げた書面を提出すると、教官から「これじゃ、最高裁は通らない」といった指導を延々と受けるのです。最初の洗礼です。

司法修習生はテストでよい点を取ることを最大の目標として歩んできた人が多いため、最高裁で通用しないなどと指導されれば、特段の疑問も持たず、最高裁に認められる書面を書けるよう、懸命に取り組んでしまうのです。それで、司法修習を終えた時点では、すでに最高裁に都合のよい人材になっているのです。

独立と孤立

裁判官の独立というのは憲法に書いてあって、義務教育でも社会科の教科書で教えられます。裁判官は独立して裁判を行わなければならない。なぜかというと公平な裁判を実現する手段としてそうなっているからです。ところが文字どおり独立していると、今まで見てきたように悩ましい事件もあります。決めかねた挙げ句の果てに判決段階になってまずいけれど書けない。調べるほどいろんな問題点が出てきて、どうしたらいいのかわからないという場合もあります。裁判官はわからないという判決は出せません。それを誰からも独立して考えるのが裁判官の仕事だと固く信じていると、誰にも相談できず、孤立してしまうという人もいます。それでやめちゃうという人もいるように聞いています。裁判官は事件を丸投げして誰かに考えてもらうことはできませんが、部分的な一番悩ましいポイントに絞って、先輩の裁判官とかに相談するということは普通に行われています。それは独立違反ということにはなりません(井上薫著『裁判官の横着』(中公新書ラクレ))。私の経験では、独立が原因で困ったことはありませんでした。

前記拙著は裁判官の裁判の仕事(その概要はこれまで述べたとおり)の中で横着というやや特殊なキーワードを設定して、その範囲内の話題を集めた本です。それと比べると本書は裁判官の普通の仕事ぶりを述べています。横着というと半分マイナスのようなイメージが先行しがちですが、合理的省略の工夫という一面もあり、評価は単純ではありません。そういう部分も真実なのでそれも合わせて裁判の仕事がわかったとなると、なお理解に厚みが出てくるでしょう。そういう意味で『裁判官の横着』も本書と合わせてお読みいただけると幸いです。最高裁が出す三行半と俗称される例文判決(上告を否定する定型的書式による判決)を「究極の横着」というなど、司法の根本的課題をめぐる類書がない内容です。

第三章　人事、予算、庁舎管理……。裁判以外の仕事

司法行政の仕事

私は法学研究のため気になる事件があると日本全国の裁判所をまわって裁判記録を閲覧しています。その際の率直な感想です。

裁判所という役所は、本当に上から目線で感じが悪い――と……。

元判事とも、弁護士とも名乗らず、一般市民として普通に閲覧申請をすると、裁判所の事務官たちは、たいてい露骨に「余計な仕事を増やしてくれたな」という顔をします。寒い部屋で平気で待たされる。長々待たされる。まったく親切ではありません。だから、一般市民から嫌われるのだと思います。

それはともかく、裁判所には裁判以外にもいろいろ仕事があります。事務官もそうですが、裁判官にも裁判以外の様々な仕事があることをご紹介しましょう。

皆さん司法行政という言葉を聞いたことがありますか。司法は知っているでしょうし行政も知っていますよね。司法といえば裁判の仕事のことだし、行政というと政府のやる仕事のことですよね。司法行政と四字熟語にするとまた別な意味になります。これは司法府の中の行政という意味です。三権分立というのが憲法に規定してありますね。これは義務教育でも習うことです。国の権力を三つに分けて、そのうち立法権を国会に与え、司法権を裁判所に与え、行政権を内閣に与えるという構造を日本国憲法はとっています。これを三権分立といいます。ここで司法府というのは裁判所という意味ですが、日本中にある全裁判所の行政はどこが担当するのでしょうかね。その点について憲法には規定はありません。その仕事の性質からいうと、司法、立法、行政の中のどこに入るかといえば、それは司法府の行政ですから、行政の仕事になります。そうすると、内閣の仕事、政府の仕事ということになります。そう考えると、政府の下についている法務省が担当するのが理屈に合うかと思います。実際、大日本帝国憲法の下では、今の法務大臣に相当する司法大臣というポストがあり、この司法大臣が司法行政を担当していました。

人事、予算、庁舎管理などなどなど

司法行政というのは一応の説明はしましたけれども、一体何をやっているのかは、普通の国民には分からないだろうと思います。普通の国民は司法行政という言葉自体あまり聞いたことがないし、ましてや、その具体的な仕事内容について知っている人はほとんどいないと思います。それはなぜかというと、司法内部、裁判所内部の行政事務をするのが司法行政の仕事の中身だからです。司法内部の人が対象ですから、司法の組織の外にいる人はあまり関係ないわけです。だから知らなくて当然だし、知っている人は特殊な学者だとか法曹三者ぐらいになってしまいます。

司法行政は裁判所内部の裁判以外の仕事のことです。いろいろな雑務を全部ひっくるめて庶務といいます。具体的に内容をいうと少しイメージが湧きますかね。一つは人事です。裁判所の中には裁判官のほかに書記官、事務官などがいます。これらの人事が庶務に含まれています。ですから、任地をどこに決めるか、昇給をさせるかどうか、どのランクに昇給させるかというさじ加減もこの人事の中に入るわけです。裁判官一人一人の仕事の決定（後述の事務分配）もこれに含まれます。

この中で一番重要なのは裁判官人事です。裁判官人事を通じて裁判の内容に干渉することができるからです。そうなると、公平な裁判が失われてしまうわけです。そうならないように、憲法も法律も規定を作っているのですが、果たしてその効果のほどはいかに？　ですから、裁判官人事は憲法レベルの重要な問題を含んでいるということをご理解ください。

次は、庶務のもう一つの例として、予算の問題があります。他の官庁と同じで、財務省と交渉して予算を取ってくるというか、確保するという作業があります。内部での分配もあります。それから三番目の庶務の例として、庁舎管理を挙げておきましょう。建物の管理に適正な使用ということになります。修繕とか清掃が含まれますね。

そうすると、別にたいした仕事でないように思われるかもしれませんが、法廷で騒いだ傍聴人を裁判所の敷地の外へ排除するということも、この庁舎管理権の一つに入ります。そうなると権力的な側面が前面に出るということになります。他にも細かいことはたくさんありますけれども、主なところは以上の三点ですね。全て裁判所という組織の内側向きなので、なかなか一般国民には理解されませんが、本書では司法行政の話も一通り述べていますので、この司法行政の内訳というのをこの際理解していただきたい。

このような人事とか予算、庁舎管理というような問題は、別に裁判所に限らず、どんな官庁でもまた会社でも必要になります。要するに、庶務係ですよ。司法行政とかいうと何か特別なことをやるのかと思うと、そうじゃなくて庶務係なのです。そういうふうに理解すればなんだそんなことかと理解できます。

司法行政権は誰が握っているのか

司法行政権は誰が握っているのか、どこに所属するのかということは、憲法は規定していません。司法行政という言葉すらありません。これは法律で決めていまして、裁判所ごとに持っていると、自分で持っているということになっています。地方裁判所でも高等裁判所でも、最高裁判所でも、裁判所ごとに司法行政権を持っているということになります。その司法行政権を行使するやり方がちょっと変わっています。その裁判所所属の全ての裁判官が出席して構成する会議があります。裁判官会議といっています。これを開いて司法行政権を行使するということが求められています。普通の行政というと、たとえば法務大臣とか外務大臣とか一人でトップを務めて、その組織に属する最高の意思決定をするのが普通だと思いますが、司法行政に関しては、裁判官会議を開いて意思決定をするということになっています。家裁でもあります。これら全国にある司法行政の最高責任者は誰かというと最高裁になります。

今、司法行政の最高責任者は最高裁判所になるといいました。でも、最高裁判所は行政なんかするんじゃなくて裁判する役所じゃないの？　という疑問が出てくると思います。ちょっとここで説明しないとわかりません。ここから先は義務教育では習わないし、一般社会人もあるいは知らない方もかなりおられるのではないかと思います。司法行政という言葉からすると、政府がやりそうですが、実際には最高裁がやっているというけれども、その時の最高裁というのは、司法行政権者としての最高裁です。これは最高裁所属の裁判官一五人全員が集まって裁判官会議というものを構成します。その裁判官会議が司法行政の最高責任者です。

一方、裁判所というだけあって、最高裁判所も裁判をします。だから、最高裁といっても、理論的に二種類あるのですね。裁判機関としての最高裁と、司法行政機関としての最高裁と二種類あります。これを理解しないと本章の理解はおぼつかない。この最高裁判所が裁判権のほか司法行政権も持つ話は、井上薫著『市民のための裁判入門』（PHP新書）を参考にしてください。

裁判所長の限界

地方裁判所には所長、家庭裁判所にも所長というポストがあります。長（おさ）とつくと一番偉い人なのだろうと思いがちですが、そう単純ではありません。そこに裁判所という役所の特殊性があります。つまり、裁判官の仕事の中心である裁判の仕事については裁判官は皆独立しています。これは憲法上の要請です。そうすると、所長といっても裁判の中身についてあれこれ指示することはできません。君はこういう事件やってるだろう、これは、こっちが勝つように判決を書きなさいという指示はできません。

普通の官庁とか会社であれば上司の命令ということになると、それに従って仕事をするしかありません。地方公務員でもそうですね。裁判官以外の国家公務員も同様です。でも、裁判官だけは独立しているので、そうはいかないのです。読者には、ここで裁判官の独立という考え方を理解するために思考実験をしていただきたい。サラリーマンのほぼ全部は上司がいてその命令に従って仕事をします。だから、上司のいない仕事は経験できません。だから頭の中で思考を巡らして上司がおらずに仕事をする環境を想像してみてくださいというのです。

さて、所長は裁判の仕事については上司ではありません。では一体何をしているかというと、その地方裁判所なり家庭裁判所の内部の司法行政を担当しているのです。ということは、先ほど最高裁が司法行政の最高責任者だといいましたが、その司法行政権を下級裁判所にも分配しているのです。高等裁判所にも裁判官会議があるし、地方裁判所や家庭裁判所にも裁判官会議があります。その裁判官会議が司法行政をやっているのです。

東京地裁の裁判官会議は、東京地裁内部の司法行政の最高責任者ということになります。その所長というのは、司法行政の日常的な仕事（先に述べた司法内部の庶務）をしているんですね。というのも、裁判官会議というのは、その地方裁判所に属する全裁判官が出席する会議ですから、そう毎日開くわけにいきません。だって、裁判官は、第一章で述べたような裁判の仕事を日々やっています。そのうえ日々一つの会議に集まるということは裁判官を拘束することになるわけで、実際不可能です。そこで地方裁判所の裁判官会議といえば、年に三回ぐらい開くだけです。日常の司法行政については所長がやるという、そういう仕事の割り振りになっています。

だから、所長というと一般の人に誤解があるのではないかと危惧します。裁判についての上司なのだ、所長にあれこれ言われたらそのとおりの裁判をしなくちゃいけないんだと思っていたら、それは全くわかっていないのです。そうじゃないのですよ。裁判官にとって所長は、司法行政（庶務）についてだけの上司ということになります。こう考えてくると、地方裁判所長という呼称も誤解を招くので改めるべきです。裁判の仕事を除いた庶務の仕事の中だけの長なのですから、地方裁判所庶務係長という呼称がぴったりです。これなら一般人も裁判について指示する権限を有する者と誤解する可能性は低くなると考えられます。

裁判官会議の目玉、事務分配は真剣勝負

地方裁判所の裁判官は、前述した裁判官会議に出席します。支部からも出張してきて本庁で開催されます。年に三回ぐらい開かれて、審議時間は一時間もありません。だいたい事務的ですから。会議の資料は書類にまとめられて事前に各裁判官に配布されます。所長が議長となって議事が進行しますが、資料のとおりに決議して実質的な議論をそこですることはほとんどありません。裁判官にしてみれば、手持ちの事件処理で手一杯で、司法行政についてまで個々に神経を使うゆとりはありません。議事の進行が以上のようだとすると、決議の実質は資料を作成する段階で決まることになります。資料は所長が作るので、司法行政はほとんど所長に任せっきりの状態になります。裁判官会議は形骸化して制度があるから儀式的にやっているだけといわれて久しいのです。

司法行政は行政一般の原理に従って、上命下服の規律に従って組織が成立し活動します。その最高責任者が最高裁判所の裁判官会議で、その命令に従って下級裁判所の司法行政は執行されるのです。ここでは裁判官の独立はありません。裁判官は、目前の仕事が裁判の仕事か司法行政の仕事かを考え、前者では裁判官の独立に従って自らを規律しなければならないし、後者では上命下服の原理に従って行動しなければなりません。裁判官は、一つの頭で臨機に思考を切り替えてきぱきと事務処理しなければならないのです。実際うまく機能しているでしょうか？

今述べた裁判官会議の形骸化の傾向の中で、各裁判官が真剣勝負で会議に臨む要点があります。裁判官会議では事務分配を決めます。そこに所属する裁判官一人一人の仕事の内容を決めるのです。その地方裁判所の受け付けた民事訴訟事件の何分の一をこの裁判官は担当するというようなことを一人一人決めることになります。実際には、全裁判官について一覧表（事務分配規定）が作成され、これには各裁判官の担当する仕事が詳細に記載されており、この事務分配規定が裁判官会議で承認されれば本決まりです。それで要するに自分の仕事内容が決まるわけですから、やはり自分が過重な負担にならないようにと内心皆さん思っています。一人の仕事が減れば、その減った分の仕事を他の裁判官がやらなくてはならなくなるわけです。そうすると、仕事の押し付け合いみたいな現象が起きて真剣勝負になるのです。

仕事の一部を移転するとなると、それによりプラスの人とマイナスの人が出てくることはお分かりですよね。この辺がマスコミなどでは分からない裁判官の真の姿です。仕事の押し付け合いの様子を見ていると、裁判官の俗人ぶりが手に取るようにわかります。そのおもしろいこと、落語や漫才のレベルではありません。こういう人たちを世間の人が神聖視しているとは、ゼウスも、イエスも、お釈迦様も、そろって仰天すること間違いなしのパラドックスですよ。民事を担当するか刑事を担当するかというのもこの事務分配で決まります。自分の希望する仕事ができるかどうかということにも絡むので、この事務分配を決める段階では各裁判官が相当に真剣勝負になるのです。ただ実際には、会議の席上で議論するのではなく、所長が事前に原案を作成する過程で対立する可能性のある個々の裁判官の同意を得るのが慣行です。

私の経験で一つ嫌なことがありました。裁判官会議の資料として作成され各裁判官に配布済みの事務分配規定案の中でこれまでと違い私の負担量が増えていたにもかかわらず、所長から事前の相談も連絡もなかったので、その点変更はないと思っていたところ、他の出席裁判官がその点を所長に質して議決では変更なしに終わったことがありました。所長の謀略か否かは不明のままでしたが、事務分配だけは気が抜けないと思ったものでした。

恐ろしいのは、異動が決まった裁判官が、もうこの先の仕事は、どれだけ引き受けても自分が担当するわけではないなと思ってなのか安易に仕事を引き受けている場合があるのです。新任地に赴任になると、どうも前任者からの引継ぎ量が増えていることがありました。無責任に仕事を引き受けていたのだろうか？　前任者の赴任地の方向を向きながら恨みごとを言ってみても、仕方がないのですが……。

裁判官会議後の講演会

裁判官会議というのは裁判官全員が集まりますが、そういう機会は一年通してもあまりないので、会議の後ちょっとした勉強会みたいなもの、あるいは懇親会のようなものが開かれる場合がほとんどでした。その勉強会の一つとして講演会が開かれ、それに私も出席したことがあります。これは必ずしも裁判に直結する内容ではなくて、一般的な社会勉強みたいなことも取り上げられています。外部から専門の講師を招いて講演会をしていただきます。聴衆は裁判官だけです。そういう特殊な講演会です。ある時、非常に面白い経験をしました。痴呆老人の話でした。痴呆老人がうっとりした感覚で自分のうんちを食べちゃうという話をしたんですね。そしたら、会場がいつもと違って異常に静かなんですよ。いつもは仕事といえば仕事かもしれないけど、講演会なんてちょっと休み時間みたいな感覚で、居眠りしたり、何か内職したりという人も少なくないのですが、そのときだけはみんな聞いていていました。私はちょっと覚めていたので、客観的にその聴衆である裁判官の横顔などを観察しておりました。定年間近な人はもちろんですが、そうでなくても結構白髪の人が多い。ですから、皆さん我が身のことと受け止め真剣になって聞いていたんだと思います。そういうテーマを選ばれた方の着眼点がすばらしい。だから、しんとした会場で、皆さん冷や汗をかきつつ真剣なまなざしで話を聞いていました。あれからだいぶ経つが、あの光景は忘れることはできません。詩心が動きました。

法官会後

翁惚食吾糞　翁は惚(こつ)として吾が糞を食(くら)う

講師佳境鶯　　講師　佳境の鶯
法官皆凝睇　　法官皆　睇（ひとみ）を凝らし
流汗寂無声　　汗を流し寂（せき）として声なし

（意訳）裁判官会議後
痴呆老人がうっとりとしたよい気持ちの中で自分の糞を食べると、講師は佳境のうぐいすのように流暢（りゅうちょう）な声でしゃべっている。聴衆である裁判官は皆ひとみを凝らし汗を流し、ひっそりとして声一つ聞こえない。

懇親会・宴席の席次にみる思想

講演会の後、よく懇親会がありました。裁判官だけが出席する懇親会です。地裁や家裁には支部があり、支部からも裁判官がやってきます。そうなるとかなりの人数が集まり、そこで全体が集まってガヤガヤと話をするわけです。食べ物などをつまみながら大勢でやるわけです。会場にもよりますが、畳の大広間で一人一膳を用意されて所長に乾杯の音頭をとっていただいて、それから宴会が始まるということもありましたし、立食みたいなこともありました。それはまあいろいろ形式はあると思います。この懇親会というのも、仕事といえば仕事なんですね。嫌だよというわけにはいかないので、全員出席し、夜になるまでやってます。これは会社勤めしていても皆さんそうだろうと思います。三月であれば転勤していく人の送別会を兼ねているし、四月以降の懇親会であれば新しくやってきた人の紹介を兼ねた歓迎会という趣旨も加わります。この辺は会社でもどこでも同じだろうと思います。一般の会社と同様なことを、裁判官もやっているということです。いるのは裁判官だけなので、同じ司法試験合格者として、また転勤族として同質の話ができます。

宴会・懇親会も含め、裁判官だけの場合を想定します。そこで立食パーティー形式であれば席次ということはありませんが、和室の大広間でやる場合には席次が決まっています。地裁の裁判官全員が集まっての宴会となると、所長が一番上座に座ると、所長から見て右の列、左の列に、ずらっと縦に並びます。席次はその所長の次に偉い人ということで順番に並んでいくんです。司法修習の期別になってるところが多いです。そうするとかなりの長い縦の列ができるわけです。これはちょっと壮観でした。

三国志演義の映画を見るとやはり君主が一番上座に座って二列向かい合う形で人々が

集まる。その席次も君主に近い人は偉い人とそういう順番になってます。日本でもそうでしょう。たとえば徳川家康という時代劇番組があったとして、それで集まってなんか宴会をやるとなったら、やはり同様な並び方になるだろうと思います。

したがって、宴会の席次というのが座敷でやる場合は自由席ではありません。指定されています。あんたはここという席次が決まっています。そこでポストが見える化するわけですね。裁判官になると最初に身につける不文律です。この不文律違反でごたごたした例はみませんでした。みんなでがやがや仲良くやっているというのとは違います。そういう意味では司法修習の期による見えない序列というのがありますので、戦前の陸軍士官学校の期別みたいな、同期の桜みたいな枠組みでしっかりしています。そうなるとむやみにその秩序を乱すことは考えません。

最高裁裁判官出張に付き合ったり、修習生の指導をしたり

一年に一度かな。ゴールデンウィークの後ぐらいによく最高裁の裁判官が長官を除いて手分けして地方裁判所に出張して、それでお話を伺うというようなことがありました。その趣旨はよくわかりませんが、年中行事になっていました。別に話といっても一般論が多く、その時期に合わせて適切な話題を取り上げて一時間ぐらい講話をされて、所属の裁判官は支部からも出張ってきて、それでお話を聞くということになります。内容も様々なのですが、最高裁裁判官の前歴によって話題もだいぶ違います。裁判官出身で最高裁の裁判官になった人は、裁判官の先輩というような顔をしています。話し方もそのような感じです。学者からなった人は話は上手いですけどもそこは学者と裁判官の違いなどの話題がまた面白かったです。弁護士からなった人は、キャリアの裁判官にそうあれこれいうような言い方は少なかったように思います。最高裁の裁判官が地方に出張するのも大変だと思いますが、そのたびにお話を伺いに支部から全員集合するのも大変で、その後懇親会もやったこともあります。

それから裁判以外の仕事の一つとして裁判実務修習でやってきている司法修習生の指導の仕事があります。司法修習生は、司法試験に合格した後司法修習生という身分を取得して、最高裁の監督のもとに実務修習をする期間があり、裁判所で修習するカリキュラムもあります。民事と刑事と別になります。そこで指導するのは現場にいる裁判官です。だから、民事の修習であれば実際に民事の部に配属されます。法廷に行って傍聴するにも傍聴席ではなくて、裁判官の近くに席が設けられます。場合によっては法壇にのせてもらえることもあります。そこで裁判官の見習いみたいなことをやります。裁判官のすぐ脇で同じ記録を見て小声で疑問点を確認したり、訴訟指揮の補足説明を聞いたりしたことがありました。裁判官室に帰ってくると判決起案があります。この事件について判決書いてくださいといわれ、書き終わったら指導裁判官に提出して添削してもらう。そういう勉強があります。その指導も裁判官の通常の仕事の合間を縫ってやるわけです。丁寧にやるときりがありません。修習生と指導裁判官だけの宴会というのもあります。

職場での旅行、裁判官研修も

これは民間会社でもどこでもあると思いますが、裁判所も職場の単位で旅行したことがあります。今いいました民事の部というと、裁判官のほか書記官、速記官、事務官などがいますが、みんなで職場を構成しているわけで、その部単位で旅行に行ったりします。もちろん旅行に行くわけですから、平日は無理で休日に行きます。一泊旅行です。そうすると、そこでまた宴会があるわけです。

まあ、これも別にどこの官庁でもやってることでありますから、特にそれ自体いうことはありません。ただ、裁判官以外の職員は、だいたい転勤する範囲もそれほど広くない。県内だけの人も多いので、だいたい地元の人なのです。ところが、裁判官は全国に転勤してますから、もうどこへ行っても初めてみたいなことになります。そうすると、やはり遠方から来た裁判官と地元のその他の職員というイメージはついて回ります。職場の旅行でがやがやしながら地元の情報（おいしいレストランや本屋の情報とか）に接する機会となるのです。もっとも、最近は民間会社も含めてこの種の職場旅行は敬遠される傾向があります。この先どうなるやら。

このほか、裁判官も研修があります。三年目とか五年目とか、節目に同期の裁判官が集まって同様の研修を受けます。実際にまた判決を書く練習みたいなこともやりました。内心もういいよという感じでしたが。修習生の延長みたいなものです。裁判官の経験が増えてきた場合の研修となるとさすがにもう初任研修みたいなものは終わりで、もっと実際的な問題点を指摘して、それをみんなで検討するということが行われていました。この研修を直接取り仕切るのが司法研修所です。最高裁の下部機関です。司法研修所の教官は二種類あって、司法修習生を担当する人と、裁判官研修を担当する人とに分かれます。後者はだいぶ年配の方で長い裁判官生活で培われた経験を伝授します。

この裁判官研修も最初は特に印象的でした。辞令をもらってすぐ一箇所に集められ、缶詰になって一週間ぐらい研修がありました。どこの官庁でも会社でも同じような研修があるでしょう。このときは、あれをやってはいけない、これをやってはいけないみたいな話が山ほどあって、休憩時間になるともうみんな絶句というかため息いっぱいという感じでした。法廷に行く前にトイレをしっかり済ませるようにみたいな話が記憶にあります。大便が我慢できなくて法廷で参ったという話も聞きました。単独事件の場合は裁判官一人ですから、たとえばトイレに行きたいなと思ったらちょっと休廷すればいいのですけども、合議体で初任の場合は陪席ですから、裁判長があんまり気にしないで審理を進めていると陪席の裁判官がトイレに行きたくて困っちゃう。でも、なかなか一人で言い出せないみたいなことがあるかもしれませんね。そうなると、さすがにあまりよろしくないので、法廷の前にトイレに行っておきなさいよみたいな話がありました。言われてみれば当たり前なんですが、うっかりそういう事態になったら大変だというので、皆さんなるほどと思って聞いていました。それはそれでなるほどと思うだけでいいのですが、裁判官としての心がけ、注意事項をいわれ続けて三時間ぐらい経つと、さすがに辟易としてきました。

裁判官には、その他に施設見学というのがあります。施設とは何かというと、よく記憶があるのは刑務所見学です。見学といわないで巡視といったりもします。刑務所へ行って一回りして受刑者の作業をしているところも見るということです。ただ実際に説明する人は所長が担当したり、説明係の職員がやったりということがありますが、皆さんも裁判官に説明するのも何回目かわからないですが非常に流暢で、よくわかりましたね。交通刑務所へ行った場合などはちょっと特殊です。鉄格子や監視員などは少なく、拘束するというよりも開放的で、反省会を開いて考えを改めてもらうみたいなカリキュラムが多かったと思いました。もちろん裁判官が実刑判決を出して確定したから、その被告人が刑務所で懲役刑などを受けているわけで、裁判官から見ると大いに関係あるわけです。そういう受刑者の現実を見て、また心に留めることが皆さんあるのだろうと思います。

冬に寒い地方の刑務所見学で、屋根には雪が積もり軒にはつららが垂れ下がっていたときに、裁判官が通る通路だけストーブが置いてあり、収容者の部屋にはないことに気づき、「収容者は寒いでしょうね」と職員に尋ねたら、「いやー寒くないですよ」というのには驚きました。

恐怖の成績表

学生時代には通信簿というか、学校から定期的に成績表が渡されました。裁判官にも実はそれに似たようなことがあります。成績表とは書いてないですが、一定の範囲内で民事部の事件件数とか出ている書面を裁判官に配るのです。今何件係属しているか、この一月で何件新件が入ってきたか、何件処理したか、要するに、新件の数より処理する数が少ないと事件がたまってしまうわけですね。「誰々さんは事件をためた。大変だねー」とか陰口をいわれたりします。個人名まで載ってなかったように記憶していますが、ただ民事第二部のア係といえば裁判官が誰かみんなわかります。したがって、あの人ちょっとサボっているなとか、ちょっと能力ないなとか、内部ではわかってしまいます。

優秀な人はいいだろうと思いますけども、ちょっとためちゃった人はかなりのプレッシャーになると思います。だからといって他の裁判官の面前で「困ったなー」とか「サボりすぎたかな」などと話題にすることはありませんでした。司法行政から見ると、裁判官同士を競争させて仕事を叱咤激励しているというふうにも見えます。直接司法行政の担当者がやってきて、お前もっと仕事しろとおしりを叩くわけではないけども、こういう成績表を見せられると今まで成績優秀でずっと学生時代から過ごして来た裁判官たちですから、応えます。

ここでやや脱線して私の漢詩「鎖塚二十韻」（『網羅漢詩三百首』一九七頁）に触れます。明治政府は、ロシア帝国の脅威に対するために北海道に中央道路の建設を決め、網走から北見峠までの未開の地一六三キロの道路を八か月で完成するよう命じ突貫工事となりました。費用を安くするために囚人を使うこととし、逃亡防止のため二人を鎖でつなぎ現地で死亡したときは鎖が付いたまま塚に葬ったとか。今日北見市の郊外にある鎖塚がその一つと聞きました。現地に臨み感慨を催し作詩した次第です。囚人の扱いといえば行刑に含まれ、法曹には深い関係があり、その観点からもテーマに取り上げたのです。ただ、四〇句の五言排律であるためここに全部を引用することは避け、話題にしたい論点を含む四句だけを次に掲げます。

工区頒彼此　　工区彼此（ひし）を頒（わか）ち
群隊比遅不　　群隊遅きや不（いな）やを比（くら）ぶ
勝得次分掌　　勝ち得たり　次の分掌
競争俄激流　　競争俄（にわ）かに激流

（意訳）

四人グループごとに工区を割り振り、各グループのスピードを比べる。勝ったグループは次の担当区域を選ぶことができるので、グループ間の競争は激烈となった。

従事した囚人一〇〇〇人のうち二〇〇人が死亡したくらいの苛酷な労働現場でした。囚人らは、労働環境のあまりの悪さにやる気ゼロだったかといえばそうとは限らないようです。囚人を複数のグループに分けて競争させたのです。早くその日の作業を完成させたグループには翌日の担当区域を選ぶ権利を与えたのです。このグループにとってこの権利は魅力があったのでしょう。最悪の労働環境の中でも激烈な競争が生まれ、予想外のハイスピードで進んだそうです。下手に叱咤激励するよりも、労働者間の競争心をくすぐると意外な効果が得られるのです。

してみると裁判官の前記成績表の効果も少なくないのではないでしょうか。司法行政当局もうまい方法を考えついたものです。囚人の競争と裁判官の競争を同列に扱うようでこの話は前記詩集ではカットしたのですが、本書ではそうも行かないと思い直し触れた次第です。

裁判所最大の闇。非公式の本音

司法行政関係、特に懇親会とか宴会とか、そういう場面でいろいろと裁判官同士が会話をすることがあります。所長から直接話をされることもあります。所長というのも裁判の仕事をしていると用事がないものです。別に所長のところに行ったからって裁判の仕事がはかどるわけでもないので、用がなければ会うこともありません。

ところが、懇親会になると話す機会がやってきます。そうすると、非公式で本音を言われることがあります。これは裁判所だけじゃなくて、会社も含めて日本の伝統的なやり方ではないかと思います。仕事の本来の場ではなくて宴会の場で本音を言うということですね。たとえば仕事にしてもちょっとお前遅いぞ、その割には毎日五時に帰っているそうじゃないかとか、何か嫌味を言われたりすることもあります。ですから、この非公式の本音というのは結構きついものがあります。裁判官には響きます。

だから先ほどからいっている裁判官の独立というのも、こういうところで怪しい点があるのです。本来独立しているから、所長は裁判の中身に一言も関与することができない建前ですが、懇親会のところで遠回しに一言を言うだけでもあの事件のことをいっているのだなとわかることもあります。当然、それを所長の方もわかっていていっているのではありますが。そういう見えにくいやり方で裁判官の独立が危うくなっているという現実があります。

繰り返しですが、所長は裁判官に個々の事件の判決をこうしなさい――などと命じることはありません。ただ、実際、報道陣も詰めかけるであろう国民の関心が高い裁判などの際は、法廷や傍聴席の準備をどうするかなどの司法行政上の相談事が発生することがあります。ここで事件担当の裁判長と司法行政権を担当する所長との接触が生まれるのです。そんな最中に宴会があれば、ほんの一言いうだけでピンときます。

「君もまだ若いんだから」
「まあひとつ、穏便に頼むよ」
「チャンスはまだあるよ」
「判決は遅くしないでほしい」

所長がこう一言いえば、ああ、あの事件で、画期的な判決を出してほしくない、最高裁の意向に沿ってほしいということだな――とあうんの呼吸でわかります。そして、所長の「指導」は証拠も残りません。こうして裁判官の独立は、陰に陽に危うくなっているのです。

第四章　人　事

裁判官人事権者

どのような官庁や会社の中にも、人事権を持って職員や従業員を異動させることができる人間がいます。裁判官に対して人事権を振るう者は誰でしょうか？　憲法には書いてありませんが、これも司法行政の一環として最高裁判所の裁判官会議が最高責任者となっています。裁判所職員の令和五年度定員は資料1のとおりです。したがって、裁判官人事権者は、前に述べたように最高裁となります。

裁判官のポストを決めるについて、任命と補職の別を理解しないとなりません。任命というのは裁判官をその地位につける行為です。裁判官の官名は、最高裁判所長官、最高裁判所判事、高等裁判所長官、判事、判事補、簡易裁判所判事、以上の六種類があります。全て内閣が任命します。これとは別に補職という概念があります。最高裁判所の長官と最高裁判所判事は、官についた瞬間、勤務先は決まっています。でもその他の裁判官は、官についただけではどこの役所で仕事をするのかが決まっていません。それを決める行為を補職といいます。たとえば判事であれば「東京地方裁判所判事に補する」という辞令をもらってはじめて東京地裁で仕事ができるようになります。この補職の権限は司法行政の一環として最高裁判所の裁判官会議にその権限があります。任命と補職の別は一般職国家公務員にはありません。一般職国家公務員は両方合体して任用といっています。

資料1　**裁判所職員（執行官を除く）の定員**
（令和5年度）

	官職名等	定員（人）
裁判官	最高裁判所長官・最高裁判所判事・高等裁判所長官	23
	判　事	2,155
	判事補	842
	簡易裁判所判事	806
	計	3,826
一般職	書記官	9,878
	速記官	200
	家庭裁判所調査官	1,598
	事務官	9,376
	その他	692
	計	21,744
合　計		25,570

今、地方裁判所の判事補を想定して話をします。司法修習を無事終了して裁判官になろうと思う人は、最高裁にその旨の申し出をして最高裁が認めれば、判事補に任命されることができます。最初はみんな判事補ですね。頭がいいからあの人はいきなり判事ということにはなりません。最近は弁護士から裁判官になる場合もあります

が、その場合に弁護士の経験あるいは司法修習の期の別によって、いきなり判事ということもあります。一般的には判事補からとなります。

任期が一〇年で終わるという恐怖

下級裁判所の裁判官には任期があります。衆議院議員、参議院議員みたいな任期がありますす。ここが一般の方々の理解に含まれているかどうか。裁判官以外の裁判所職員は任期はありません。定年まで勤めていられます。公務員には身分の保障が法定されていて訳もなく免職になって終わりということはないようになっています。ところが、裁判官だけはなぜか任期があって一〇年と規定されています。これは憲法が決めていることです。一〇年たったら自動的に裁判官の資格が消える制度です。

ただ、継続して裁判官でいたい人は、再任を申し出て最高裁に認められるとさらに続けて裁判官の地位が保たれるということになります。二五歳で判事補になったとすると、定年が六五歳ですから四〇年ありますね。その間三回は再任される必要が出てきます。この任期があるかどうかというところを、裁判官論、裁判官の地位や職務を議論するときに念頭に置かないとなりません。一般職の国家公務員とは全く違うんですね。裁判官になぜ任期があるのかは合理的な説明はできません。この任期があるためによりいっそう人事権による影響が大きくなるのです。

内閣が裁判官を任命するには最高裁の指名した名簿によると憲法に規定してあります。内閣が自由に裁判官の任命をすると、政治的偏向が生まれるなどの不都合が考えられるので、最高裁に人選をさせて一定の歯止めを掛けたのでしょう。ここに最高裁の下級裁判所裁判官指名権が生まれました。内閣の任命は形式的に近く、裁判官の人選は最高裁の判断に委ねられているのです。最高裁の裁判官会議がこの下級裁判所裁判官指名権を持つことにより最高裁の人事権は極めて強力となったのです。というのは、日頃人事権者の覚えめでたくない行動を取っていると、任期一〇年が終了したときに再任されない可能性が高くなるので、ほとんどの裁判官は人事権に逆らう行動（たとえば異動先が不満であるからといってこれを拒否したり）を取ることはありません。いくら日頃人事権に逆らう行動を取っていても、所詮は一〇年の内だけだという最高裁の高笑いが聞こえてくるようです。次の再任時期に裁判官の首の断否が質に取られているわけです。再任拒否された例として宮本康昭さんがいます。本人が『再任拒否と司法改革』（日本評論社）という本を出していますので、関心がある人はこれを読んでください。

転勤拒否できる建前だが、念書を取られて自由を奪われる

裁判官には転勤がつきもので、転勤族の一種ですね。ところが驚いたことに、裁判所法という法律の中には転勤（条文では「転所」という）拒否できるという規定があるのです。一般には信じられないですけれど。転勤拒否できるのはなぜか？　それだけ人事による関与によって裁判官が心が揺らいで公平な裁判ができなくなることを恐れて、法律では裁判官は転勤拒否ができることになっているのです。そんなところに行きたくないといえば転勤話はそれで終わりということになっているのです。では、現実になぜみんな転勤しているのか？　そこが建前と本音の分裂なんですよ。日本にはそういう例は多々ありますけども、裁判官の転勤拒否ができるかどうかという点については、建前と実際は極端に離れています。これを知らないで法律だけ見ていても裁判官人事の実際はわかりません。

人事権者である最高裁は裁判官にここへ異動してくださいというたびにいちいち拒否されていたら人事異動なんてできないじゃないかと思いませんか？　実際そうなんですよ。できないんですよ。ところがやっているわけです。どういう仕組みなのかというの

が話の味噌です。これが一札の力という話題です。

たとえば、東京地裁に次に転勤になるとき念書を取られます。三年たったら最高裁が行けといったところに行きますという念書を最高裁に提出する慣行です。提出しないと東京地裁に行けません。そういうやり方、この一札の力によって、転勤拒否できる建前が吹き飛んで実際にはできない仕組みになっているのです。それで、最高裁は全国の裁判官を将棋の駒みたいに思うように動かしているのです。大規模な人間将棋ですね。これが建前と実際の違いの根本です。あまり表に出る話ではないので一般の方々は知らないこととは思いますが、ここが裁判官人事を理解するときの要です。

地裁か家裁か、本庁か支部か、民事か刑事か

異動する先の話です。地裁と家裁では仕事の内容が大きく違います。地裁であれば民事か刑事かの事件をやりますが、家裁になると家事事件か少年事件をやるわけです。だいぶ仕事の内容が違いますね。法廷というと地裁のイメージが強いです。家裁でも法廷を開く場合はあるけれどもそれは少なくて、実際法廷傍聴に行こうというと地裁へ行きます。仕事の内容もイメージもだいぶ違います。地裁への希望の裁判官が多いだろうと

資料2 **裁判所の種類及び数**

種類	区分	数	計
最高裁判所		1	
高等裁判所	本　庁	8	
	支　部	6	
地方裁判所	本　庁	50	
	支　部	203	
家庭裁判所	本　庁	50	
	支　部	203	
	出張所	77	
簡易裁判所	地方裁判所本庁又は支部に併置された簡易裁判所	253	438
	その他の簡易裁判所 独立簡易裁判所	185	

思います。家裁の裁判官は希望が通らなかったのでやってきたという場合が少なくないのではないかと思います。

異動先が本庁か支部かというのはかなりの違いがあります。日本の地方裁判所は、北海道には四つあります。札幌のほか、函館、旭川、釧路にあります。あとは、都府県に一個ずつあります。県庁所在地に本庁があります。支部というのは、県庁所在地以外の都市に置かれることになります。支部は一箇所と限らず、複数置かれることもあります。かなり小さい町に置かれる支部は裁判官も少ないです。ときには裁判官が常駐しない支部というのもあります。そういうときは、裁判をやる日だけ裁判官が出張してきてやります。事件数が少ないとそういう支部もあります。令和五年度の裁判所の種類と数を資料2にまとめておきます。地裁の本庁五〇と支部二〇三だけは念頭に置いてください。たとえば、岩手県の地裁について見ると、盛岡本庁のほかに、花巻、二戸（にのへ）、遠野、宮古、一関（いちのせき）、水沢の各支部があります。裁判官の転勤先の候補地の概略をつかむための参考にしてください。家裁には出張所があるほか、地裁と家裁は同じ数あります。置かれる場所も同じです。

地方裁判所に異動する場合を考えると、仕事内容が民事なのか刑事なのかというのは大きな関心事です。配属先が民事部になるか刑事部になるかというのと同じ意味です。民事だとお金のことその他雑多な財産関係の裁判をやりますが、刑事となると被告人が有罪か無罪かを決めたうえ、有罪であれば刑を決めるという仕事になります。民事と刑事両方一緒にごちゃごちゃにやるという場合もありますが、それは地方裁判所の支部に行った場合に多いですね。通常は民事と刑事と仕事が分かれています。実際には民事の希望者が多いです。ずっと民事をやりたいと思いながら、実際にはいつも刑事のポストばかりいわれて不本意だなと思っている人もいるでしょう。

裁判所は離島にもある

日本は小さい国のようにいわれたりもしますが、都道府県だけでもかなりの数になるうえに、支部まで入れると任地の行き先というのは前記のとおり相当多くなります。場所も地方というか田舎というようなところもあるし、東京や大阪と比べるとだいぶ生活ぶり、私生活の方も変わってくるでしょう。任地の多様さを思わざるをえません。家族も同様に、任地の多様さに順応していく必要があります。うまくいかないと配偶者の希望で単身赴任あるいは裁判官を辞めなければならないみたいなことになります。

地裁の支部というとかなりの地方都市にもあるということをすでに述べましたけれども、島にもあります。たとえば佐渡島、淡路島、奄美大島とか石垣島にもあります。遊びで石垣島に行く分には楽しいだけで終わるかもしれないけれど、そこの裁判官に異動し引っ越したとなると、それと同じ感覚ではいかないでしょう。やはり不便なことも多くなるし、遊びにしても限られてしまうでしょう。仕事としても面白くないかもしれません。裁判所は、離島にもあるというところが異動を考えるうえでもだいぶ違います。

もちろん他の会社でも転勤がありますし、中央官庁でも同様です。ただ、島にまで任地があるかどうかというと、必ずしもそうではないだろうと思います。そこは裁判の仕事の特殊性で、日本国民全員に裁判を受ける権利を公平に認めなければならないという観点から、離島であっても人口の少ない町であっても置いてあるわけです。裁判所までの往復の時間なども考えてなるべく公平になるようにしているそうですが、それにしても離島にもあるというのは他の官庁ではちょっとないかもしれないですね。

日本は南北に長いし、山間部も海辺も島もあるわけで、気候もだいぶ違います。今は地球温暖化が進んでますが、寒い北海道と東京あるいは九州などを比べると気候もだいぶ違いますね。新潟や山陰あたりを中心に豪雪地帯があります。あのあたりは世界的に見ても豪雪地帯だと思いますけれども、そういうところに行くかどうかというのもかなり大きな問題です。裁判官官舎の屋根に豪雪地帯だからといって電気で雪を融かして落とすという装置をつけたのはいいけれども、電気代（金額は知りませんが）は裁判官個人持ちだというので、お金がかかるから使ってないという話を聞いたことがあります。それは東京に勤務している裁判官には関係ない、予想もつかないことかもしれませんが。そういう気候差が大きいということも知る必要があります。

そのほか、文化とか遊びのチャンスとか、買い物のチャンスとか、みんな任地によって違いが出てきます。東京は、文化的にも経済的にも中心都市ですから、東京で揃わないものはないぐらいだろうと思いますけれども、小さい町に行けばかなり制約されてしまいます。何か習い事をしようと思っても、大都市に行けば先生もいるし学校もあるけれども、地方都市に行けばそんなことは無理ということもあるだろうと思います。

そもそも、地方都市は人口が少ないこともあり、ちょっと買い物に出ただけで、あれは裁判官だと住民に気づかれたりします。本当に気が抜けないのです。

以前、スーパーで買い物をしていたら、勾留中のはずの被告人とばったり会って、「脱走したのか⁉」と、びっくりしたことがありました。よく考えてみれば、なんのことはない。先週、私が担当裁判官として被告人の保釈をＯＫしたことを思い出しました。とはいえ、先方も私に気付いたようで、お互い、挨拶をするでもなく、なんとなく居心地が悪かったことを覚えています。大都市にある裁判所と違って、狭い地域だと、そういうこともあるんです。

そういう意味で任地による差は大きいです。これは転勤族一般に共通のことで詳述するまでもありませんが、要するに裁判官もまた他の転勤族と同じく俗人の環境にどっぷりとつかっているのです。

北方領土が返還されたら⁉

四月に転勤するとなると一月にその内示があります。その頃はだいたい日にちまで決まっていますから転勤予定の人はそわそわします。三年程度で転勤する慣行ですから、転勤予定の人は自分でも分かっています。人によっては、裁判の仕事が手につかなくなるという人も知っています。内示がされてそれを承諾して異動先も決まると、まだ実際の異動は四月だけれども、もう一月の段階で異動先が決まっているという状態になります。

異動先が確定した後の心理状態を考えると、人から聞いた話ですが、他人の仕事を手伝っている気分だと言われたことがあります。私はあまりそんな感覚もなく普通にやっていましたが、言われてみればなるほどなという感じですね。一生懸命頑張って係属事件数を減らしたとしても楽をするのは後任者ですから。

日本は小さな国だなと俗にいわれることがありますが、転勤の内示前にそわそわしているときは違います。任地の候補がこんなにたくさんあるのかという感覚になります。それに任地の落差が大きいので、心配の種は尽きません。日本列島の地図帳などを眺めてつくづく次はどこに行くのかなと思うだけでも心理的にかなりのプレッシャーになっている人もいるのではないかと思います。

国後島（くなしり）が日本に返還されたらどうでしょうか。あの辺は道東といって釧路地裁の管轄ですから、釧路地裁国後支部とかいうのができるのではないかと思います。そうすると、そこに異動する裁判官も出てくるわけです。だから、北方領土返還というのは政府それから北海道の人たちの切なる願いですが、裁判官にとってはまた別な意味で影響が出てくる可能性があります。そういうことまで想像ができるようになると、裁判官人事の本質がわかったといえるだろうと思います。

ひそやかな圧力がかかり、見せしめで左遷も!?

日頃の仕事の評価も含めて、人事権者が掌握して次の異動先を決めるというのは裁判所に限ったわけではなく、中央官庁でも会社でも同じだろうと思います。そうすると、やはり裁判官の目も職員の目も人事権者の方を向いて人事権者の評価を気にすることになりがちです。全く気にしないという人は少ないだろうと思います。サラリーマン共通の心理でしょう。

結局人事権が裁判官の独立に何か影響があるのではないかという話題になります。独立という規定がない国家公務員であれば、別に人事権者の方向を向こうがそれほどの問題ではありませんが、裁判官だけは職権の独立が憲法上規定されているので、これが人事権者の意向によって左右されるようなことがあったら憲法違反になるわけですから、そこが問題になるのです。だから、みんな人事権者の方向を向いて当たり前じゃないかというだけでは足らない部分があるのです。

裁判官の人事権を有する司法行政権者が人事権をちらつかせて裁判の内容に干渉する余地が出てくるわけです。実際のところは露骨に言わなくてもあうんの呼吸でわかるように伝えることは、子どもではないから十分可能なわけです。先ほど述べたように、宴席の際の一言で干渉の実が達成できる場合もありうるくらいですから。そうなると、あのことを言っているのだなと独り合点してあるいは忖度して、いろいろな意味で自分の意見を控えて自粛しましょうということになれば、裁判干渉の目的は達成されるわけです。しかも圧力なんて思わないです。宴席での一言ですから、もちろん文章に残るわけではないし、どこにも証拠があるわけではありません。あうんの呼吸で圧力とも思わず裁判干渉されるということもありうることなのです。

ある判決を書いたがために左遷されてしまうということがあるかという問題点ですね。これは一般の関心も少なからずあるだろうと思います。もちろん左遷なのかどうかはっきりとしませんので、この裁判官がその例だよというのは難しいところです。ただ、著名な判決をした裁判官がその後どういう異動をしたかを調べることは可能です。特に裁判長が問題になります。調べた結果なるほどこういう異動は普通ないよなとか、あるいは日の当たらないポストばかり続くなという現実があるとすれば、あの判決で左遷されたのだと推測して構わないだろうと思います。

長沼ナイキ訴訟第一審判決を取り上げましょう。事案の概要を見ると、北海道長沼町では周辺の森林が水害の防止を目的として伐採が制限される保安林に指定されていたところ、国は、自衛隊基地を設け敵機を迎撃するための地対空ミサイル「ナイキ」の配備を計画し、農林大臣は保安林の指定を解除しました。周辺の住民は、水害の増加を懸念し、上記解除処分の取消を求めて札幌地裁に行政訴訟を提起しました。森林法は保安林指定解除をするには公益上の理由が必要と定めるが、自衛隊が憲法九条違反の存在であるから自衛隊基地に地対空ミサイルを配備することも公益には当たらない旨主張し、被告はこれを争い、自衛隊の違憲性が争点となりました。札幌地裁は、昭和四八年九月七日判決で、自衛隊を違憲であると断定して請求を認容しました。自衛隊を憲法違反と言い切ったこの判決は、マスコミのトップニュースとなりました（資料3）。その後控訴審である札幌高裁昭和五一年八月五日判決は第一審判決を取り消して訴えを却下し、その上告審である最高裁昭和五七年九月九日判決は上告を棄却して、先の第一審判決は葬られてしまいました。

第一審判決をした札幌地裁の裁判長は福島重雄氏でした。彼は、その後東京地裁手形部に異動し、希望外の福島家裁、福井家裁を回り、二度と大きな裁判所の裁判長席に座ることのないまま定年前の平成元年退官しました（令和五年一〇月一二日、共同通信配信）。上記違憲判決後の異動は尋常ではなく、司法行政当局の意に反したことによる左遷と理解するのが自然です。

福島氏の左遷の異動は、当時の裁判官の注目の的であったでしょうから、各自心に記憶するところとなったでしょ

夕刊　讀賣新聞

自衛隊は違憲

長沼訴訟で初の判断　札幌地裁

陸海空軍に該当

「自衛のため」では通らぬ

住民全面勝訴　政府は控訴決める

統治行為論退ける　保安林解除取り消す

資料３　**自衛隊を憲法違反と判示した札幌地裁判決を報ずる新聞記事**（『読売新聞』昭和48年９月７日夕刊）

う。要するにああいう判決をするとああいう目に遭うという人類の裁判史上燦然と輝く典型例として人々の記憶に永遠に残ることになりました。司法行政当局からすれば、よい見せしめとなりました。あの判決も日本中に広く強く知れ渡ったように、上記左遷はこれ以上ない今後の先例です。現代の司法内部では、司法行政当局の意に反するとここまで露骨な左遷がまかり通っているのです。それでも司法内部では誰もおかしいという者はなく、もちろん訴訟を提起する者もいませんでした。

わかりにくい手口

そうはいっても、はっきりとある判決で左遷されたと分かるかどうかというと、それはまた怪しいものがあります。もともと人事異動というのはあまり表に出ません。どういう内示がされたかどこへ行くのを拒否したとかしないとか、表には出ないし文書などいちいち作りません。転勤の内示といっても、文字どおり口頭で言われるだけで文書に残るわけではありません。ですから左遷されたのかどうかということも含めて分かりにくい。でも現実にありそうというところが庶民というかマスコミあたりの関心事ではないかと思います。

ともするといじめになっているのではないかとか、それが過ぎて辞任勧告みたいなことになっているのではないかとか、そういうことをいうときりがありません。それにつれてイメージが形成されます。それがある判決によるとは言い切れないし、その辺のところはひとつの問題点として把握しておく必要がありますね。判決によって左遷された例は実際あってそういうことを許していると裁判官の独立が怪しくなるからできないようにしようというのであれば、では具体的に何をどう改めたらよいのかというところが話題にならなければなりません。

上記福島氏の例は特定の判決による明確な左遷といえますが、その他に裁判官人事による判決に端を発する左遷の可能性がいわれながら明確にそうだといえる例はそう多くはありません。この辺の事情からか裁判官を取り巻く伏魔殿のようにマスコミから興味をもたれがちです。ただ、人事の非公開という慣行は、他の官庁や会社でも同様ですから、それだけでは裁判所だけ特別視するには足りません。裁判所の場合に特に留意すべき要点は、裁判官の独立を侵害する恐れがあるという点です。侵害する恐れがうかがわれるというのであれば、それだけで憲法違反のおそれという点で調査の対象とし根本的改善策の策定という話題が必然となります。マスコミの関心事から事態が動く可能性もありうるのです。

余談ですが、ここで第八代大審院長児島惟謙の話をします。大審院は、大日本帝国憲法下の最上級審の裁判所ですね。今の最高裁判所に相当する機関です。そこの院長、最高裁判所でいうと長官のような感じですかね。この人は、大津事件の際、政府と対立して積極的に裁判干渉し被告人が死刑になるのを回避したというので有名な方です。この児島氏はどういう経歴かというと、四国の宇和島藩出身です。明治時代の中央官庁といえば、薩長の藩閥が幅を利かせていたときに児島氏は宇和島といういわば藩閥政府から弾き飛ばされたような人がなっているのです。司法は中央官庁とはいえ、そういう傾向がありました。司法は伝統が重いですから、現在にまで続いている傾向があるように思います。そんな古い話と思う人もいるでしょうが、明治時代の判例が今でも通用しているくらいの司法界ですから、古さに違和感はありません。

同期の出世を気にして、新年のあいさつ？

多くの裁判官が気にしている人事、特に出世について述べます。司法研修所で修習の期が同じだとだいたい初めのところは出世も同一です。あるところでポストが少なくなってくると、全員が同時に出世するというわけにはいかなくなって、最終的には高裁長官のポストは八つですから、選ばれた人間だけが抜擢されていくということになります。こういう点に非常に関心の強い裁判官もいますね。同期の異動先を全部暗記しているという人もいました。同期の人のうわさをしようものなら、「あいつはいま、札幌地裁にいる」とか、「彼は那覇地裁にいる」とか即答します。そんなことを全部覚えているなんて。ちょっと私なんかびっくりしました。

ちなみに、中央官庁では東京大学法学部卒業が多いといわれますが、裁判官はどうでしょうか?。あまりそれと同様の学歴の問題はないようです。下級裁判所の裁判官の出世の終点みたいなポストは高等裁判所長官です。最高裁判所の裁判官は別な仕組みで選ばれているようですから、下級裁判所裁判官の出世の終点は高等裁判所長官と思ってよろしいだろうと思います。もちろんその個々の人物について出身大学を調査したりすることは今の時代は可能ではありますが、本書ではそこまでは書きません。ただ、東京大学法学部が圧倒的に多いとかいうことはないように思います。

出世を気にしてなのか、新年の挨拶なるものがありましたね。役付とか上司に新年の挨拶に行くのが、あるいは日本的な職場の常識なのかもしれません。裁判所でも、新年ということの挨拶に所長や高裁長官のご自宅まで伺って改めて挨拶するという人がいるということです。私はそういうことを真面目にやってはいませんでしたが、はるばる電車に乗って高裁長官の官舎まで行くというパワーには本当に敬服します。それも結局人事権者ですから人事にプラスの影響があるようにと思ってしていることだろうと思います。ご機嫌伺いの効果のほどは知りませんが。そうなると、裁判官は独立とかいうけど、ほんまかいなという気がしてくるだろうと思いますね。これが現実のところです。

第五章　報酬

裁判官の報酬は、一覧表が雄弁に語る

裁判官の報酬月額の一覧表（令和五年四月一日現在）を資料4に載せます。これは法律によって規定されているものです。この一覧表をよく見てください。細かなことを説明するよりも、この表が裁判官を取り巻く環境や実情を具体的かつ現実的に示していることは、いうまでもありません。これを見ると階段に分かれているのがわかります。最高裁判所長官と最高裁判所判事は特別なポストですから、これを除いて考えましょう。そうすると、裁判官の出世の最終段階である高等裁判所長官となると一三〇万円あるいは一四〇万円程度になっています。裁判官になりたての場合は、判事補に任命されて、その一二号の報酬を受けます。これが二三万七七〇〇円となっています。判事補は一〇年間続きます。判事補の一番上の一号を見ると、四二万一五〇〇円です。一〇年経って判事に任命されるとその最初が五一万六〇〇〇円となっています。これで、裁判官がどの程度の報酬を得ているかを見ることができるでしょう。

ここで資料4の初任給調整手当欄を見ていただきたい。判事補一二号の右を見ると、初任給調整手当欄に八万七八〇〇円とあります。原則の報酬二三万七七〇〇円にこの初任給調整手当八万七八〇〇円を合計した三二万五五〇〇円が実際にもらえる金額となり

資料4　**裁判官の報酬**（令和5年4月1日現在）

裁判官			報酬月額	初任給調整手当
最高裁判所長官			2,010,000	
最高裁判所判事			1,466,000	
東京高等裁判所長官			1,406,000	
その他の高等裁判所長官			1,302,000	
判　事	判事補	簡裁判事		
1			1,175,000	
2			1,035,000	
3		特	965,000	
4		1	818,000	
5		2	706,000	
6		3	634,000	
7		4	574,000	
8			516,000	
		5	438,900	
	1	6	421,500	
	2	7	387,800	
	3	8	364,900	
	4	9	341,600	
	5	10	319,800	19,000
	6	11	304,700	30,900
	7	12	287,500	45,100
	8	13	278,000	51,100
	9	14	258,000	70,000
	10	15	249,200	75,100
	11	16	243,400	83,900
	12	17	237,700	87,800

ます。原則の報酬が上がるに従って初任給調整手当は減額されていき、判事補四号ではなくなります。初任給の原則二三万七七〇〇円だけでは人材確保は困難となるための弥縫策なのです。

判事補で一二段階、判事で八段階ありますね。こうなると、上の階段にいつ上がれるのか、同期の中でまさか自分が置いてきぼりされているのではないだろうかとか、思いはいろいろ起こります。階段が多ければ多いほど報酬に対する関心が深くなります。これは別に裁判官だけの特殊事情ではなくて、一般職国家公務員や会社員でも同様だろうと思います。会社員とは違って、報酬の額までこのように階段の刻みに応じて金額が法定されているところが、裁判官の特徴といえば特徴です。

司法修習が終わって最初に判事補に任命されて一二号二三万七七〇〇円を受け取るといったときに、読者の皆さんはその金額をどう実感されますかね。私はかなり低いだろうと思います。司法試験を頑張って合格して一年間（私の頃は二年間）司法修習を終えてこの金額です。努力の割には十分な金額は得ていないように思います。年功序列、熟練的な発想で何とか我慢してやっていくかという気にはなりますけれど、初任給の低さは特筆すべきではないかなと思います。初任給調整手当を考慮すると若干緩和されますが、所詮弥縫策にすぎません。

報酬の仕組み全体がおかしいのではないか？

確か、中学校の公民の教科書には、裁判官の独立を守るために、裁判官の給与は高い――といった記述があったように記憶していますが、弁護士になった同期とは比べ物にならないのはもちろんのこと、一般企業に就職した友人よりも低かったです。

私が司法試験を受けた当時は、司法制度改革前だったので、二万四〇〇〇人ほどが司法試験を受験し、合格したのは四五〇人ほど。宝くじのような確率だったのです。

そういえば、法律家になった仲間たちの集まりで、「俺は、ギャンブルは嫌いだ」といった趣旨の発言をした者がいて、その場に居合わせた全員から、「でも、司法試験受けたんだろ！」と突っ込まれていました。かつて、司法試験の受験は、ギャンブルのようなものだったのです。中には一〇年もかけてようやく合格した人もいました。それなのに、この初任給なのかと。努力とあまりに見合わない気がするのは私だけではないはずです。

ところで、冒頭からたびたび言及している袴田事件ですが、袴田さんの無罪を主張した左陪席は、私がいうのもなんですが、なかなか変わった方のようでした。というのも、裁判官の給与が違うのはおかしい、みんな同額であるべきだ――と主張したと聞いています。

実際には、裁判長は年次が上で最も経験が豊富で、右陪席はその次、最も若い左陪席は経験が浅いから、それに応じて給与にも差がある――というのが一般的な理屈だと思います。一般企業にもよく見られる年功序列の建付けですね。

経験が長い順に給与が高いという仕組みは、多くの組織でもそうなのかもしれませんが、統治者サイド、ここでは最高裁ですが、トップにとって極めて都合がいいわけです。給与を上げてもらいたければ、上の言うことを聞くしかなくなるからです。

給与が低いから、最高裁の言いなりになる？

初任給の低さは肝に銘じているけれど、この話題になると思い出すことがあります。あまりの初任給の低さに、通常予定するような家計に足りないということを前提にして足らない分を妻の実家に家計補助をお願いするという話を耳にしました。冗談かと思ったのですが、確かにこの金額を見るとまんざら嘘でもないなという気がしてきます。さらには妻の実家が家計補助をしてくれるというのが結婚の条件だったという話も聞いたことがあります。哀しくなりました。

この一二号という最初にもらう報酬の金額からすると、裁判官は誰でも昇給を切望するだろうと思います。一二号があまりに低いからです。そうすると、昇給を切望するとなると、昇給するかどうかを決める権限のある最高裁のいいなりになるか、そうでなくても、少なくとも最高裁の意思に反するような仕事はしない。なるほど気持ちもわからないでもありません。初任給の低さが人事権を一層強めているのです。最高裁にしてみれば、裁判官の初任給は、人材が集まるぎりぎりの最低額が最良なのです。

裁判官の報酬は在任中減額されないことが憲法で規定されています。憲法の教科書を見ると、これは裁判官の身分保障の一環だということがいわれています。最高裁が人事権を持っているからといって、気に入らない判決をしたから報酬を半分にしちゃおうとかできないようにこの規定は働くんだと。だから、裁判官の身分保障の一環であることは間違いないというような記載が憲法の教科書に書いてあります。

この報酬の一覧表を見るとどうでしょうかね。これでこの規定は裁判官の身分保障になっているのでしょうかね。つまり、裁判官になりたての初任給プラス初任給調整手当をもらっている裁判官が減額されないという点ではこれ以下にはならないという意味で歯止めにはなっていると思いますが、減額されないというだけでは全然足らないと思えます。つまり、順調に同期の者と同じように階段を上がって報酬が増えていって当然であって、この一二号のままだったら裁判官になった甲斐はほとんどありません。

つまり、順調な昇給まで保障されるのならまだしも、減額されないというだけで裁判官の地位の保障になっているというのはちょっとおかしいだろうと思います。この一覧表を知らない人が観念的に裁判官の身分保障になっているなんて言っているだけではないかと思います。

地域手当が下がって提訴した裁判官がいた!

公務員には地域手当というのが出ます。その任地によって決まっています。たとえば東京都特別区であればその基本給に二〇%増額する。この増額分のことを地域手当といいます。田舎へ行くと地域手当がゼロというところもあります。大都市は物価が高いからという理由で地域手当が出ていますが、その結果どうなるでしょうか。たとえば東京に行った人は報酬が二〇%上がるわけですよね。誰だって報酬を多く得る方がいいですから、東京に行きたくなるでしょう。でも、もともとそういう地域手当がなかったとしても東京を希望する人が多い。文化、経済等いろいろな面で東京では機会が多いから東京を希望する裁判官が多いところ、それにプラスして地域手当が二〇%つくとなったら、その行きたい気持ちがますます大きくなりますよね。

反対に地方で地域手当がないようなところには行きたくないと思う裁判官がますます増えるでしょう。一極集中の東京に任地を希望する裁判官はたくさん出てくるけれども、実際にポストは限られているので、そのわずかなポストを目指して他の裁判官と競争して勝ち抜いていくためには、人事権者に対して評点を高くしてもらおうという動機がさらに一層大きくなりますね。これは、行政官庁や会社などどんな組織にもあることでしょう。

これは令和六年七月二日付けの朝日新聞デジタルの報道です。地域手当の格差は憲法違反だと主張して、津地裁の現職の裁判官が、国を相手取り減らされた分の支払いを求めて訴訟を起こしたというニュースです。この裁判官は名古屋から津に異動し、名古屋は地域手当が一五%なのに、津では六%と定められていて、だいぶ減額になったとその差額分を支払えという訴訟です。

ただ、こういう訴訟はニュースになるだけあって、稀なことです。私は他にこの種の訴訟が提起されたことは聞いたことがありません。要するに、あんたの報酬はこれだけだよ、君の地域手当は何％だよ、この段階だよと決められたのに、それについて不服をいうという裁判官は他に聞いたことがありません。だからこそ、この訴訟を起こした裁判官は稀であって、ニュースバリューがあるので、大新聞のニュースになったということになるでしょう。

では、一般の裁判官は、こういう訴訟を起こすかというと実際には起こさないんですね。それはどういう理由からでしょうね。定年までの安全を祈り、先ほど来述べてきているように人事権を持っている最高裁に盾突くというか異議を述べるような行動は、後の人事評価を下げてポストや報酬の点で損をすると考えるのであまりそういう異議を出す裁判官はいないのでしょう。

この裁判官はどういう人なのかというと、もうこの訴え提起の段階で六一歳であり定年六五歳までの間に再任はないという人です。そうなると、もう怖いものなしですよね。定年まで安全が確保されているからこそ、こういう訴訟を起こすことができたと考えることができます。そうでなくて、これからまだ定年までの間に再任されなければならないという予定の裁判官は、この種の訴訟を起こすことは無理だろうと思います。

個々の階段を決めるのは誰だ？

今見たように、裁判官の報酬月額は多数の階段に分かれていますが、その階段の中であなたの報酬はいくらだよと決める権限があるのは誰か？　それは、司法行政を司る最高裁判所の裁判官会議です。最高裁の覚えがめでたくなるように、各裁判官も努力しているところだろうと思います。これは別に裁判官に限らず、一般職国家公務員でも会社員でも同様だろうと思います。ただその結果、裁判官が独立の精神を忘れて最高裁のいいなりになるのではないかという危惧があるので、裁判官についてだけは問題視されるのです。最高裁の判例変更があると全国の裁判官が一斉にこれに従う（義務はないのに！）例を見ると、ここで触れた問題はまんざら杞憂とは言い切れませんね。

第四章の人事のところでも指摘しましたが、地裁の裁判官などは、できるだけ最高裁の意向をくもうとします。ですから、そろそろ最高裁が判決を出しそうだというテーマに関しては、全国の地裁はいわば「指示待ち」の状態になり、判決を出さなくなります。

そして、判例集をはじめとする専門雑誌をくまなく読み込み、最高裁の意向を探ろうとします。それはそれは、自主規制の強い集団なのです。

具体的にある裁判官の報酬月額の階段をどこにするかを決めるにあたって最高裁の裁量権は極めて広いということです。最高裁にいわせると総合的評価ということなのかもしれないけれども、下級裁判所の裁判官は何が何だかわからないまま差（資料4参照）ができてくるのです。多くもらっている人は文句はないでしょうけれども、そうでない人は文句があるでしょう。でも実際問題として自分の報酬に文句があるからと訴訟を起こしたりという裁判官は他にはいません。

もう一度読者はこの報酬月額の一覧表を見てください。修習を終えて判事補になった初任給は二三万七七〇〇円とありますね。これに若干手当がつくとしても、基本的にはこの報酬を想定してください。報酬の高さに惹かれて裁判官になる人は皆無なんじゃないでしょうか。これは人材確保という点でも必要なんですね。あまり低かったらもう人材確保なんて不可能です。はっきりいうと、この金額では優秀な人材を集めるのは難しいのではないかと思います。もちろん後の昇給のことも考えますけども、とりあえずこの金額では司法試験を頑張った甲斐がないと思います。そういう意味で裁判官の報酬は多分に問題点を含んでいるように思います。

第六章 転勤三昧。旅がらす私生活

転勤が大きな制約になる

裁判官はおおむね三年で転勤しています。しかも全国規模なので、本当に次はどこになるか日本地図を眺めて色々想像するしかないわけです。この転勤が私生活全般の制約になります。たとえば、自宅を持つのは難しいです。持った瞬間通えない遠方の地に転勤になることが十分考えられます。それから、子どもの教育の問題でも継続性が怪しいです。東京では私立その他特殊な教育課程も多々ありますが、地方へ行くとそれと同じようなわけには行きません。そういう意味で子どもの教育と転勤は大いに関係があります。どちらにしても三年で転勤するとなると継続的なことは手を出しにくいというふうになります。また、精神的にも同様です。所詮三年の生活なんだと思うしかないわけです。

転勤を機会に別の土地に住んで別の観光旅行ができ、それも官費でできるというふうに考えれば、それはプラス思考だと思います。物は考えようで、転勤が嫌だと思っていると全てがうまくいかないので、また一転して別の環境で生活すれば、初めての土地だし興味を持って接すれば別の楽しみがあるだろうと考えればいいわけです。仮にいろんな意味でよろしくない条件の任地になってしまったとしても、所詮三年だけだから、一生住むわけでもないからあまり深刻にならなくてもよろしい。三年で異動という点を常に考えてそれをいい方向に持っていけるか、精神的にもプラス思考でいけるかというところが、任地に対する考え方、私生活の楽しみ方の分かれ目であろうと思います。

三年に一回転勤していれば引っ越しに慣れるのは当たり前です。世の中の転勤族はみんな同様でしょう。裁判官の場合、自宅に本がたくさんあるという人が多いのではないでしょうか。司法試験以来、本ばかり抱えているという人も少なくないと思います。それに、仕事柄、本を読むのが早くて、それが一つの特技になっている人が多い。そうなると、本を読むことも楽しみの一つになります。本をたくさん抱えて、それを転勤のたびにダンボール箱に詰めたり出したりということを繰り返すことになります。この引っ越しというのを考えてみれば、壮大な無駄ですよね。引っ越しにかかる時間やエネルギーは膨大なものです。引っ越ししてみたところでダンボール箱から出てくるものは、入れたものを超えるわけはない。ですから結局のところ、良くて元の木阿弥を繰り返しているわけで、慣れた割には特に得たものがないかもしれない。したがって、転勤先で新しい趣味、新しい人との出会いとかそういうプラス思考でいけるかどうかによるでしょう。引っ越し自体は元の木阿弥になるだけで、特にプラスというものはないはずです。

転勤後は情報収集のやり直し

情報収集といっても、私生活の上での情報ですから、趣味とか生活に必要な情報です。近くのスーパー、薬局、病院、それからスポーツ施設、図書館、音楽堂、そういうものも当然初めは分からないので、それをだんだん覚えてインプットしていくというのが、いつもの引っ越し後の当面の課題になります。その過程で、意外とつまらない街だと思っていたのがそうでもなかったり、新しい趣味を始めたり、それもいつもの繰り返しになるわけです。かえって大きな街すぎると遊ぶものはいくらでもあるし、現実に遊んでばかりもいられないし、かえって欲求不満になるという話もよく聞きます。結局のところ、身の丈にあった環境が必要だと思います。仕事ばかりやっているという人もいますよね。二〇年間そういう生活を送っていたら、自宅の周囲にどんな施設があるか関係ありません。

裁判官は転勤が多いですから、国が用意してくれた官舎に入るという場合が多い。そうでなくて、もちろん自分でアパートを借りたり自宅を所有したり、ということでもよろしいのだが、自分の出身地でもないと、なかなか自宅を買うというのは難しい。おおむね官舎に入ることになります。そうすると、官舎ならではの制約もあります。職場の上下関係みたいなものが官舎であるかというと、あまりそこはないだろうと思います。当然、年配の裁判官にはお辞儀をしたりしますけれども、それだけのことで、それ以上序列が官舎に持ち込まれているわけではありません。

官舎に入っていると、郵便受けを見れば、何の新聞をとっているかということが分かります。別にのぞいてみなくても普通に生活していると何となく分かってきます。結果として、朝日新聞をとっている裁判官が多かったです。それがどういう意味を持つのかまでは話題にしたこともありませんけれども。裁判官にこの投書を読んでもらいたいと思ったら、朝日新聞がいいんじゃないですかね。

所詮、官舎は仮住まい

裁判官も夫婦げんかをすることがあります。ただ、周囲の手前、あまり派手にはやらないでしょうか。でも、中には派手にやる人もいます。喧嘩の原因まで聞こえちゃうこともあります。落語に出てくる長屋のような状態ですね。聞く方も「今日の○○さんは理論的だったなー」などと感想を覚えています。それは別に裁判官だからということではなくて、裁判官でも普通の人と同じように夫婦げんかもやるのだなと思えばよろしいわけです。

三年で転勤していますから仮住まいといってもいいでしょう。もちろん本当の意味の一時というわけではない。旅行で宿に泊まっているというよりは長いですが、三年経てば引っ越しだと思っていると、やはり心の底では仮住まいだなと思いながら生活することになります。めったに使わない道具などは、結局、そこの官舎では一度も開けないでまた引っ越しということになってしまいます。引っ越しのことを考えると、あまり使わないような品物は買わないのが一番ということで、そういう意味で消費生活にも影響が出てきます。引っ越しのない生活を送っている人にはちょっとわからない特殊な感覚が身につくみたいです。

官舎に入っていると、仮住まいだという気がして官舎の外の近所の方々との付き合いはあまりしなかったですね。どこに行っても町内会がありまして、官舎の人たちにも町内会に入ってもらいたいという意向があるように聞きましたけれども、現実的に入っていないです。別天地というか、そこだけ浮いているというか、周囲に溶け込むまでもないというような感覚でした。近所付き合いをしたらいけないという決まりではありませんが、あまりそこまでやらないで通り過ぎた感じがします。

子どもの教育をはじめ、家族の考え方の違いなどから家族全員で引っ越すというのではなくて、裁判官だけ単身で赴任するということもかなりあります。そうなると、割と広い官舎に一人で住むということになります。寒い地域など冬は一段と寒さが身にしみるかもしれませんね。家族といっても、妻も仕事を持っているとか、趣味がやめられないとかあると、単身赴任の可能性が高くなります。場合によっては、配偶者の希望で裁判官が辞めちゃうという話も聞きますから、単身赴任で何とか妥協が成立しているという場合も少なくないのではないかと思います。

郵便局とか銀行とか住所を書面に書いて提出するような場合には、受け取った職員たちは住所だけ見ると裁判所の官舎の人だなと分かることもあるそうです。具体的な不利益までは受けていないものの、知らないうちに身分がばれているのはおもしろくありません。東京のように大きなところではそんなことを考えていないかもしれませんが、中程度の街になるとあるんですね。別にだからどうというわけではないですが、いちいち裁判官の名刺を配って歩いているわけではないのですが、結果として似たような状況になっているのです。それと分かってもその本人にわかったよと言うとは限りませんので、なんとなく知られているという場合もかなりあるだろうと思います。

役所で仕事をして家に帰って私生活を営む人となり、睡眠をとるというのは自然のこと。官舎からその他に出かけない。官舎に帰って判決ばかり書いているという人もいます。そうすると、仕事場と自宅の往復で終わりということになってしまいます。何が楽しくてああいう人生を送っているのかと他の人は思うかもしれませんが、俺はきっちり仕事をやっているんだという満足感があるのかもしれないし、あまりこれといって趣味がなくて、いわば仕事が趣味みたいだという人もいるのかなと思います。

裁判所の車（もちろん裁判所職員の運転する）で出勤したり帰ってきたりという裁判官もいます。おおむね判事になってから乗れるようになります。あまり乗りたくないときでも乗ってくれといわれることがあります。庁用車があるということは担当の運転手もいるわけで、乗ってくれないと仕事がなくなるというので、せっかく庁用車の運転手も確保しているんだから乗ってくださいといわれるとむげにも断れないと乗ったのはいいが、どこか寄りたいなと思っても思うようにはいかないということもありました。もっとも、今日は庁用車に乗りませんといえば、それでいいんですけれども、タイミングがうまくいくとは限らず、ちょっとどうしようかなと思ったこともありました。

趣味は地味。囲碁にテニスにカラオケ

趣味の話をしてみましょうかね。人間は普通趣味がありますよね。仕事だけじゃなくて、好きなことがいくつかあって、趣味としてやっているということはあると思います。それはもう限りなく種類はありますから、いちいち挙げるわけではありませんが、裁判官がやっているのを見ると地味なのが多いですね。特に目立つとかということもないように思います。裁判官の生活があまり人の話題になったりするのは好ましくないと思って、地味なことをやっているのか、あるいは地味なことが身の丈にあっているような性格の人だけが裁判官になっているのか、微妙なところです。

具体的には囲碁とテニスが裁判官の趣味として多いように感じました。囲碁はもちろん高尚な趣味で結構ですが、裁判官同士で対局している分には適当なところですね。本人も満足するし、これといって不都合なことが起こるとも思いませんので、なかなか良

い趣味だろうと思います。アマの高段者が少なくないのです。スポーツの中ではテニスが多い。これもどうということはないのですが、裁判所の中で裁判官同士でやっているというものも多いです。裁判所と無関係に外部でテニスをやっている人がどのくらいいるのかについては私は詳しくはありませんが、趣味としてはこのようなところです。

裁判官の中にもカラオケが趣味という人がいます。たくさんの歌を知っていて、私など思いもよらない、こういう歌をどこで覚えてくるんだろうと思うような人もいますね。若い人たちは選ぶ歌が全く違うので、いよいよ分かりません。カラオケが好きな裁判官もいました。

カラオケスナックに行って歌うのですが、順番待ちでなかなかマイクが回ってこないから、お客の少ない雨の日だけ狙っていくとかいう人がいて、世の中そんなものかなと思ったことがありました。また官舎の中に防音装置を備えて自宅でやっているとかミラーボールを備えているとか聞いたことがあります。確認しに行ったことはありませんが、中にはそういう趣味の裁判官もいるようです。

当然のことながら、転勤してしまうと続かない趣味もあります。習い事をやっていてもその続きができなくなっちゃう可能性もあります。私もそういうのをいくつか経験しました。いろんな偶然でその場限りの経験だったような気がします。ということは裏を返すと、転勤したら終わりだと思って何か一時的な趣味としてやっているという傾向が強くなります。ずっと一生貫く趣味、囲碁などはそうだろうと思いますけども、そうでないと、やはり環境によってできるかどうか差が出てくる場合もあります。したがって、趣味といっても、仕事に近いような熱のこもった趣味であれば、転勤にも影響があるのかもしれません。

漢詩を作る

たまには私自身のこともお話ししましょう。それは趣味としての漢詩の創作です。裁判官在任中に始め、もう二〇年を超えました。令和三年にはそれまでの作品をまとめた『網羅漢詩三百首』（クリピュア）を公刊しました。これは、コロナ禍で外出もままならない頃に巣籠もりの時間を有効利用してできた本です。五三八頁あり最初の自作漢詩集としては満足なものです。

漢詩のテーマは何でもありで、役所の送別用に贈った作品もあります。作詩を身につけると、本を読んだ感想を詩にすることもできるし、旅行先で感慨をまとめる手段とすることもありました。私は日本史に興味が深く歴史を詠んだ詠史詩がもっとも満足のいくできばえです。テレビで相撲の取り組みを見て、うなぎ屋で舌鼓を打ってとか、祭の一瞬、能や文楽・歌舞伎等の古典芸能を鑑賞してなど、後から読み直してもその時の感動が目の前に再燃することばかりです。

裁判関係の作品もあります。日産自動車元会長の被告人カルロス・ゴーンが令和元年末逃亡してレバノンで声明を発表したと、翌日の令和二年元日の新聞一面トップニュースが報じ、世界に衝撃を与えました。私は正月三箇日を使って「己亥（きがい＝令和元年の干支）大逃亡二十韻」と題した五言排律を作成し詩会で発表しました。二十韻とは四〇句を意味します。詩全体で漢字二〇〇字になります。このように時事問題も自由に取り入れ、楽しみながら上達を志したのです。作詩法を身につけた後は漢和辞典さえあればできるので、裁判官やその後の弁護士の仕事と両立させることは造作もないことでした。せっかくですから裁判の分野をテーマにした私の作品一首をここに紹介しましょう（前記漢詩集四九六頁）。

遺産分割

生前天下極栄誉
金殿玉楼加錦車
妻子争論遺産側
屍骸早已蠢虫蛆

遺産分割

生前 天下 栄誉を極め
金殿 玉楼 錦車を加う
妻子争論す 遺産の側(かたわら)
屍骸(しがい)早已に虫蛆(ちゅうそ)蠢(うごめ)く

（意訳）

生前は天下で栄誉を極め、りっぱな御殿や高楼それに錦で飾った車まで持って。妻子は遺産の脇で論争している。なきがらにはもう蛆(うじ)がうごめいている。

あまたの禁止事項に、唯々諾々と従う

着任早々紙のリストを事務官からもらいましてここは行かない方がいい店ですと言われたことがありました。暴力団関係者かなんか知らないけど、そういう店なのかなと思いました。理由は書いてなかったです。ちょっとびっくりしましたね。リストには違和感がありましたが、無理に行くことはないからそのリストにあった店に行ったことはありません。人によっては余計な規制だと反発を感じることがあるかもしれません。私はあまり気にしないで、そういうのだったらその範囲内で生きていこうと思いましたけども。裁判官は消極的な人が多いというか、このようなリストに反発する人もいないのですかね。

家に帰ってからも判決ばかり書いている人だったら社会参加どころではないのかもしれません。どこへ転勤しても地元の祭りとか色々な行事がありますが、ほとんど関心もないという裁判官が結構いましたね。多くの裁判官は、近所付き合いをしないようでした。地域の人から見ると、官舎だけは別格なのでしょうか。

裁判官は連続して二〇日間夏休みがありました。なかなか日本では連続して二〇日休みが取れるという職業はありませんので、これはありがたかったと思います。海外旅行にも行きました。これは裁判官でよかったなと思う一瞬でしたね。海外旅行先で話したヨーロッパ人はおおむね一か月を超えるバカンスでやってきたというのが相場で、日本との違いを感じました。ただこの二〇日というのも半分は判決を書いていた人も少なくないので、その辺は人によるだろうと思います。また、ほぼその頃実家に帰省するというのが年中行事になってしまっていて、特に海外旅行とかすることもなく、ただ実家に行って帰ってきたというだけで終わったということを言う方も少なくなかったように思います。

海外旅行は許可が必要

裁判官が海外旅行に行くには司法行政の許可が必要です。私が任官した頃は最高裁長官の許可が要りました。終わりの頃は地裁所長の許可が必要でした。だから許可がないと日本国から出られなかったのですね。軟禁状態みたいなものです。

この許可というのは自由に出るわけではなくて、基本的には冬休み、夏休み、ゴールデンウィークのときだけという運用がありました。要するに、パッケージツアーの海外旅行の値段が高い時期だけなのです。そういう時期は外して安い料金の時に出たいと思っても難しいですね。なぜそんな制約をしているのかわかりませんでした。もともと海外旅行はしないという人がこんな制約を作ったのでしょうか？　なぜこんな制約をつけているのか今でも疑問ですね。そうはいっても許可制度なんておかしいといって司法行政と戦ったという話は聞きません。これが裁判所の現状です。

裁判官の娘がハワイで結婚式を挙げるから親として出席するといっても、冬休み、夏休み、ゴールデンウィーク以外のときであったためにダメと言われた人がいました。要するに一回でも許すとなし崩し的に制約が機能しなくなっちゃうということなのかなと思いました。そういうところは非常に強硬です。何しろ内輪のことですから、それで訴訟を起こす人はいませんので。

海外旅行のことになると世代の違いをよく感じました。私が若い頃、所長というと、定年間近六〇歳過ぎの方ですが、皆さんあまり海外旅行に関心がないんですよね。はっきりと「僕は行きたいと思わない」とか言ってね。私が行きたいと言うと「君なんかおかしいんじゃないの」みたいな、そういう発想の所長もいましたね。

私より若い人は海外旅行は普通というか、行きたくて仕方ないけれどなかなか行けない現実に制約を強く感じている人もいました。合計すると海外旅行に行きたいので裁判所の制約をきついと思うかどうかというのも、年代によって大きな差があるような気がしました。

ちなみに裁判官は、県境を越えることも簡単ではありませんでした。普通の人には意味がわからないだろうと思いますが、私が勤務していた頃は、裁判官が県境を越えるときには司法行政当局に書面であらかじめ届けなければいけないとなっていました。本当です。ある所長が指差してあそこまで行きたいといったらおつきの事務官が手前に県境があるし越境の届を出していない以上無理ですと言われて諦めたという話を聞いたことがあります。

でも、埼玉県から東京都とか通勤で毎日県境を越えている人はどうするのだろうなと思いました。なんでそこまで制約しなければならないのか当時もわからなかったし、今もわかりません。それでもなんとなくやっていてそれでゴタゴタが起こったという話までは聞きません。この県境逸話を話題に取り上げると、時の司法行政のやり方、おかしな制約でも黙って従う司法府内の雰囲気が実によくわかります。このような特殊社会は世界的にも稀ではないでしょうか？　こんな慣行がある業界はほかにはないと思います。ですから、いずれ世界遺産になること確実です。世界の人が県境逸話に驚くでしょう。県境逸話のような雰囲気に埋没していて本気で裁判官の独立なんて守れるのでしょうかね？

どうしてこんなおかしな決まりごとに唯々諾々と従うのか。それは、こんなおかしな制約があっても気にしない人くらいしか裁判官にはならないということもあると思います。

そしてもうひとつ、一般の人がまったく気が付いていない、知られざる重要な理由があるのです。普通の会社員であるなら、上司からあまりに理不尽な要求をされた場合、裁判に訴えることができると思います。ところが、裁判官の場合、最高裁という「上司」が決めたことに不服があって裁判を起こしても、最高裁という上司が自分で判決を書くので、勝訴することが不可能なのです。

これは考えてみると、恐ろしいことです。民間企業のみならず、法務省の役人だって訴訟の権利はあります。そして、勝訴する可能性もあります。ところが裁判官は、この恐るべきパラドックスの中に生きているため、最高裁という上司が決めたことには逆らうことができないのです。

裁判所というシステムには外部の意見が反映されることがほぼ期待できません。これが、唯々諾々と最高裁の言いなりになるヒラメ裁判官を増やすことにつながり、ひいては冤罪の温床となっているのではないか。

第七章　俗人裁判官の心がけ

ことなかれ主義

裁判官はおおむね優等生タイプの人間が多いと思います。大学までは成績優秀の方で、司法試験も比較的若い時期に短期間で受かった。司法修習の過程でも成績優秀で裁判官に採用された。こうなると客観的にはどうでも、本人は優等生だと思っているでしょう。これが仕事全般に影響を与えます。その人は全ての点で保身第一に考えるだろうと思います。保身というのは危険なことはやらず、安全第一で人並みかそれ以上に立身出世をすることが第一という考え方です。公務員全般が保身第一という考えが多いだろうと思いますが、自ら優等生タイプと考えている裁判官は保身の心が特に強いように思います。せっかくここまで失敗もなく優秀な成績で学生を終えて念願の裁判官になったんだ、これを些細(ささい)なことで失いたくない。これは人間の心理として納得できます。

こういう優等生タイプと自ら自覚している裁判官は、ことなかれ主義に極めて親近感があります。何事も無難な方に特に自分の判断が他で悶着を起こすことがないように、無事に済むようにということを第一に考える。特に重要な点は自分のした判決が上訴された場合、控訴審あるいは最高裁であれはダメだ、間違いだといわれることを極端に恐れます。そうすると、判断の内容も決まってきてしまいます。画期的な判決なんて当初から考えない。そんなことよりも、保身が第一、ことなかれ主義に流れてしまう。良い点数を稼ぐというよりも、減点対象にならないことが眼目の筆頭です。これも公務員一般がそういう考え方なのですけれども、裁判官は自ら優等生タイプと信じている以上、特にその傾向が強い。

それとほとんど同様のことですけれども、変わったことはしない、目立つことなんてとんでもないという心理。目立つというのは自己顕示欲を満足させますから、多少誰でも目立ちたいという気持ちは心のどこかにあるのではないかと思います。しかし、通常の裁判官はあまり目立つことを好まないように思います。他の大多数の裁判官が考えているようなことをやっているだけで、新規のことはあまりやらない。変わったこともやらない。新規ということは先例に反するということであって、やはり変人と名指されるような判決はなかなか考えにくい。そうなると、結論もだいたい決まってしまうわけですね。画期的な判決は書かないし書けない。そんなものをとても出せないという心理になりがちです。

以上のような考え方が根底にあると、何をするにも臆病になり得点を稼ぐというよりも減点対象にならないことをまず考えます。そういう処世術になります。万事消極的でして、これは仕事だけでなくて、私生活でもそうですね。無難な趣味、地味な趣味、何であれそれでニュースになるような画期的なことなどをやらないということです。それで裁判官仲間と比べて同等の立身出世を遂げていけばそれでかなりステータスの高いところまでたどり着くということで、それを妨げる可能性のあることは全てに消極的になるのです。

先例どおりでてきぱき

以上のような考え方に基づくと、大体の判断は先例どおりになってしまうと思います。新しいことはあまりやらないということになると、他に選択肢があまりないわけですね。先例というのは、司法試験以来、勉強の成果が明らかです。先例を頭に入れてそのとおりに判断していくとなれば、もう結論を決めるのに悩むなんてことはないわけです。判例はデジタル化のおかげで検索スピードが大幅にアップしましたから、本当の意味でてきぱきと仕事が処理できるようになりました。結果として、あいつは仕事が早いとか間違いない仕事をしているとか、プラスの評価を受けるのです。

先例を使うといかに仕事がてきぱきと進むか例を挙げてお話ししましょう。

日本では死刑判決が出て刑が執行されることが戦後一貫して続けられてきました。死刑を求刑された被告人・弁護人は、死刑を避けるため「死刑は残虐な刑罰を禁じた憲法に違反する」という主張をすることがあります。憲法違反の主張がある事件は最高裁まで行きます。この違憲の主張が最高裁で認められたことはないので、確定した判例とされています。その後同様に憲法違反の主張をした事件では、最高裁判例を引用してその主張を退けるのが一般的になりました。やり方は、判例の基となった裁判所名と判決年月日、事件番号を引用するだけなので、二、三行もあれば充分です。あまり勉強しない裁判官でも二、三分もあれば書けてしまう。でももし判例がなく判決する場合、理由はどう書くか？　何しろ「死刑が残虐な刑罰を禁じた憲法に違反するか」という問題提起です。そう簡単には回答できません。憲法の条文を見つめても心証が決まることはありません。法哲学やら刑法の古い教科書までひっくり返して思案してもなかなかこれといった決め手がありません。そんな丁寧な調査検討をしていると他の事件がたまってしまいます。先例の威力がよくわかるでしょう。

このように多くの裁判官は、今見た先例の威力を知ればわかると思いますが、先例がないような事件が来ると困ってしまいます。先例がないから初めて自分が判決しなければならないとなると、これは大変です。根本的なところから検討したり、いろいろ参考書を読み漁ったりということが必要になります。それでも自信がなく、自分の判断が先例第一号になると知れば、かなりの精神的プレッシャーを感じる裁判官もいると思います。私も偶然の結果ですが、自分の判断が先例第一号になるという事案を担当したことがありますが、やはり他のことと違って先例がないという一点でかなり慎重になったことを覚えています。優等生タイプを自認している裁判官は、特に先例がない場合の困難さが違うだろうと思います。

余談ですが、何につけても透徹した前例踏襲主義がはびこっているのは、裁判所の特徴かもしれません。私は在任中ある国立大学から招かれて大学の講師をしたことがあります。ただ、兼業になるので、司法行政の承認が必要です。そこで司法行政に承認してくださいという書面を出しました。そうしたらなかなか返事がない。何をやっているのかと聞いたら前例がないから、全国的なレベルで前例を調べているというのですね。

大学の講師は別に悪いことをするわけでもないし、内容も明らかにしているんだから問題はないと思うのだが、とにかく前例がないと何も動かない役所なのです。だいぶ経ってから承認が得られましたが、それほどおおごとと思っていなかったけれど、司法行政の硬直さを痛感しました。

それで、もう一度次に大学の講師の承認を求めたところ、今度は即ＯＫなのですね。日本の裁判は前例主義と言われて久しいですが、こんなことまで前例主義なのです。私が前回得た承認が前例になるから、もう問題は何もないというのです。自分が作った前例であってもとにかく前例があれば問題ないという。あまりの劇的な違いにびっくりしたことがありました。

自粛の山うずたかし

以上に述べてきた裁判官の心理を仕事の中で実践したり、私生活の中で実践したりすると、多くのことが自粛の対象になってしまいます。自粛といえば最近のコロナの全盛当時も自粛ばやりでしたけれども、裁判官はコロナに限らず、これまで述べてきたように常に自粛ばやりだということがご理解いただけると思います。自粛しないで能動的に、あるいは積極的に何か判断し行動するということ自体がほとんどないですから、本人にしてみると自粛しているという自覚がないのかもしれません。これで普通だと自分は普通にやっている、だから特に自粛して大変だとかは思わない。そういう気持ちになります。

剛直というのは、気性が強く信念を曲げないことをいいます。自分でこうだと思ったら信念を持って貫くという、そういうタイプの人間のことです。今まで述べてきたような優等生タイプと自分で思っている裁判官は、自分の確固たる信念を持ってそれを貫くという剛直な性格は保ちがたいです。一般には、先例を調べてそのとおりにするし変わったことはしない、目立つこともしないことなかれ主義、臆病で消極的、自粛の山と。これが普通ですから、剛直な人柄をそのまま仕事の中で実践するということはまるで正反対だろうと思います。自分が正義と考えたことを周囲の反対を押し切っても貫徹するという生き方は大変しがたい、そういう人生観になるだろうと思います。

心がけのうちでも、ストレス解消の点は裁判官にとって重要です。裁判の仕事というのは、要するに、当事者双方の意見を聞いて結論を出してあげるという仕事ですが、その過程で紛争の渦の中に頭を突っ込むような仕事です。当然、ストレスがたまる仕事です。定常的にストレスを解消するような時間あるいはチャンスを持ち、かつそれを実行してストレスが心理的な負担にならないように、しかも定常的にそういう状態を保てるように工夫しなければなりません。何をしたらストレスがなくなるのかというのは人によって様々でしょう。私の場合は漢詩創作が良い息抜きになりました。花鳥風月を始めとする別世界に飛べるのです。ストレス解消とはいっても裁判官ですから違法なことはできませんが、適法な範囲内でいろいろ工夫しているのだろうと思います。そういうことがうまくできないとストレスがたまりすぎて精神的におかしくなって辞職する場合もあるのです。

特徴は司法試験合格くらいしかない

今まで裁判官の仕事、生活ぶり、考え方などについて、公私に渡って述べてきました。読者は、これに目を通されてどのような感想を抱かれたでしょうか。この先は、以上のまとめをしたいと思います。それまでも裁判官に対するイメージはあったと思いますが、それと本章を読み終わった段階でのものはどの程度同じで、また異なったものになったかということを自己検証していただきたい。

裁判官というのは、人を死刑にするまでの強い権限を持っている人物です。同じ公務員といっても同じ人間といっても、本質的に何か違うようなイメージがあります。成人が、勤勉に事件の処理をして人権擁護に心を砕いている裁判官を思い描くのは、義務教育の社会科の教科書に書いてあったイメージの延長でしょうかね。ところが実際はそうではないんです。転勤をはじめ報酬の階段を一刻も早く上りたいと願い、そのために人事の方ばかり向いて暮らしている。これは自分一人ではなくて家族全体のことに直結するという心配の種を常に抱えながら、仕事もしている。仕事はたくさんあって勤務時間内ではとても終わらないので、記録を自宅に持って帰って判決起案をしている裁判官も少なくない。そういう話をしました。何か普通の職業とは違った尊い考えを持った、たとえば聖人と呼んでもいいような人間がなっているのかなと思われたかもしれませんが、そうではないんですね。そういう意味では普通のサラリーマン、俗人といってよろしいと思います。

そうすると裁判官は一般の人とはあまり違わないのか？　裁判官になるための条件として、司法試験合格と司法修習終了という経歴を得る必要がありました。裁判官が他の職業人と違うとしたら、その点にあるんだろうと思います。だから法律の知識は一般の方よりは多い。学者のように専門的に研究はしていないけれども、六法全体にわたって基本的な素養を身につけていて、初めて見た法律についても、裁判となればそれを解釈運用して裁かなければなりません。そういうことができる基礎的な能力が備わっている人という点は信頼してよろしいだろうと思います。その他の点は特にありません。一般職国家公務員に近いです。公務員にありがちな保身あるいは転勤族としての悲哀などは、一般職国家公務員と同様だと思います。

多くの制約を受け入れられる人

裁判官は通常の職業人よりも多くの制約の下に生活しているということがわかりました。海外旅行も司法行政当局の許可がないとできなかった。娘の結婚式に列席するためハワイに行きたいといっても断られてなすすべがない。前述の県境逸話なんて現憲法下で信じられますか？　そういう条件の下で職務をしているのです。その制約の個数といえば文字どおり勘定はできないですね。そういう公私にわたる無数の制約を受けて、そんな生活は嫌だ、耐えられないと思う人は、裁判官になる道を選ばない。

司法修習が終わった後、法律家としてどうするか、裁判官に任官するか検事に任官するか弁護士になるかという、大きく分けて三つの道があります。検事は公務員ですが、裁判官とは違った喜びも悲しみもあるのだろうと思います。そこは本書の範囲外です。裁判官も検察官も公務員で転勤がありますから、そういうのが受け入れられない人は選択肢から外れます。結果として本書で見てきた多くの制約を受け入れられる人だけが裁判官になることがお分かりになると思います。

一般の市民は裁判官の公私の生活など見ないですからわからないですけども、司法修習生は、上記法曹三者を選ぶ前に司法修習の過程で裁判官と接することがありますので、それで情報が増えるといったらよろしいかと思います。法廷での裁判官のやり方、裁判官室での判決を起案する様子、議論する様子などは普通に修習していれば見聞きすることはできます。私生活がどうかというのはちょっとわかりませんが、時々教官宅訪問というのがありまして、裁判官が暮らしている官舎にお邪魔して食事をいただきながら懇談する機会がありました。そういうことをして、官舎とはこういうものか、自宅での生活ってこんなもんなのかというのを垣間見るという機会がありました。その程度ではありますが、司法修習が裁判官の生活を見る機会であったと思います。これらの機会を活かして色々考えた結果、多くの制約は予想されるけれども自分はそれを受け入れてなろうという人だけが、裁判官希望の書面を司法行政当局に提出するのです。

ですから、実際に裁判官になって海外旅行の自由はないという制約があるけれども、大体の制約は修習中に了解していますから、それでもいいと思う人だけがなっているわけで、あまりそこでトラブルがあるということは聞いていません。中には希望をこらえて我慢大会みたいなことを続けている人もいます。それが耐えられないと思うと、どこかで辞めてしまう。また配偶者が耐えられなくなると辞めてしまうということもあります。したがって、多くの制約を受ける職業ではありますけれども、仕事の現場でその制約のためにトラブルが頻発しているというようなことはありません。そのため司法行政当局は、安心して裁判官の統制やら制約やらに邁進しているのです。

裁判官の独立と良心

裁判官の独立という原則は憲法に規定してあって、国家統治の基本的な決まりとして重要です。もっぱら公平な裁判を国民に保障するためという崇高な理念があります。ところが、今まで見たように必ずしも理想のとおりにはなっていません。昇給を人並みにあるいは人よりも早くしてもらいたいと思えば、それを決定する人事権者の顔色を見るというのは、別に裁判官に限らずサラリーマンに共通のものだと思います。裁判官の独立を大事にして前面に押し立てて仕事をしていると、必ずしもそういう報酬の点で恵まれた、あるいは標準的な過程で上っていくということは難しくなってしまうのです。裁判官の独立というものの日本的な労働慣行もあるし、個々の裁判官の我慢の程度も考えて、それで何とか爆発しない程度に制約されたまま定年まで迎えるという道を選ぶかどうかという瀬戸際になるわけですね。その過程で裁判官の独立という理念が最優先になるかどうかというのは、それは個々の裁判官次第だろうと思います。

裁判官は良心が大事で、事件を裁くにしても事件全体を考え、法律も守るけれども条理も尽くして名裁判をやってくれる。そういう良心を抱えて仕事をやってくれている人というイメージはありますね。ただ、大岡忠相越前守のような名判決ばっかりやっているわけではなくて、仕事のほとんどはルーティンワークで右から左へ数だけこなしていく。特に面白いものは何もなくて記憶にも残らない事件がいっぱいです。テレビドラマで見るように証言の内容で傍聴席がどよめき判決の結論が一八〇度ひっくり返るような展開は、実際の事件を扱ううえではほとんど出会うことはありません。これはドラマが盛り上がるための見せ場を故意に作り上げたものと考えてください。そういう中で、これはと思う事件について法律の解釈から少しずれるかもしれないけれども、当事者のために良かれと思って少し工夫をするというところはあるのではないかと思います。ただ良心だけが独走してしまって、法律も常識もないような判決をしたら困りますね。その辺も裁判官に任されているわけで、あらかじめどうのこうのと制約を加えるのは適当ではありません。

裁判官の平均的なイメージ

今まで述べてきたように、裁判官は俗人の一人であり、立身出世も昇給も普通のサラリーマンと同じように希望します。決して聖人と呼ばれるような尊い特殊なポリシーを持って行動しているわけではありません。これはイメージの問題ではあるのですけれども、具体的な結論の違いになって現れてくるかもしれません。イメージというのも大事です。あの人がやっているんだからおおむね大丈夫だろうとか、あの立場の人がつまらないことをしてクビになるようなリスクは取らないだろうとか、これは合理的な推察の一環です。それを超えて裁判官は聖人だからどうのこうのという議論は、適当ではありません。

いろんな著名事件はニュースで報道されます。判決内容に賛成派、反対派がそれぞれコメントを出したりしています。そうすると、裁判官が批判の対象になることもあります。その他、裁判官が犯罪あるいは悪いことをしたといわれて弾劾裁判にかけられるというニュースも耳にします。場合によっては裁判官が罷免されてしまうというニュースもありました。そういうニュースに接したときに頭に瞬間的に思い浮かぶ裁判官のイメージというのは、ニュースを理解するにしても解釈の段階でも必要だろうと思います。平均的な裁判官のイメージというのが現実のものと違っていると、ニュースの理解も間違ってしまう可能性があります。

本書は一般の方々を読者に想定し裁判官の正体を論じた本です。したがって、法律家向けの法律論が書いてある本ではありません。ただ、今まで裁判官の素顔や正体について論じた本はあまりなく、特に私生活などについても触れた本などほとんど見ませんね。したがって、純粋な法律論の中で裁判官のことを論じる場合、本書で述べたところはかなり参考になる、あるいは基礎的な了解事項として扱っていただける部分が多いのではないかと思っています。裁判官の法的環境や制約はこのままでいいのか、いろいろと議論に上ることがあります。特に弾劾裁判で罷免されるような事例のニュースに接すると、もっと制約があった方がいいのかなという考えも頭をよぎることがあります。裁判官のあり方について議論するときや専門的な法律論を展開するときにも、現実の裁判官の姿や実際の行動だけではなく、どういう心の動きをするのかを知り、具体的行動の動機を形成する源は何なのかということも知っておく必要があると思います。ささやかではありますが、本書がその参考になれば幸いです。脱稿に際しての感想を漢詩に託しました。

法官

壇上黒衣貴　壇上の黒衣貴く
聖人君子真　聖人君子真なり
升遷将上洛　升遷（しょうせん）と上洛と
汲汲一黎民　汲汲たる一黎民

（意訳）裁判官
壇上にいる黒い法服を着た裁判官は尊いお方で、聖人君子もかくやと思われる。実は、昇進と都への異動に汲々とする一庶民に過ぎないのだ。

裁判官の神聖視は間違いである

この本でこれまで述べてきたように、裁判官はごく普通の転勤族公務員であって、プライベートな生活面を見ても普通の人、俗人というほかありません。それがわかるように包み隠さず本書では述べてきました。でありますから、いろいろな問題についても裁判官を神聖視して言うべきことも言わないで控えちゃうなんていう遠慮などは無用です。政治問題について政府や首相を批判する一般国民はたくさんいるでしょう。世間話とか酒を飲みながら首相をこきおろすなんていうことは少なくないだろうと思います。一種の不満の対象になっているといえばそれまでですけれども、それと同じ感覚で裁判官も批判したらよろしいのですよ。あの判決全くけしからんとあんなこと考えつくなんてよほどうかしている、あんな変人が裁判官を務めているというのははなはだ困ったものだというような話をしても一向に構わないわけですね。だから、裁判官が決めたからもうそうなのだろうと諦めるしかないとか、そんなふうに考えるべきではないんですよ。

最高裁判決ですから、これは先ほど述べた司法行政の仕事ではありません。裁判機関としての仕事です。この最高裁判決について神聖視することが世の中横行しているように思います。最高裁判決が出るとこれがこの世の正義だとか思う人いませんかね。あるいは実務上の決着がついたとか、最高裁がそういうならその意見に沿って法律を改めなきゃならないと国会議員が考えるということが現実にはあります。でもそれは間違いです。本書は法律の専門書ではありませんから詳しくは述べませんけども、これまで述べてきたように、裁判所に持ち込まれた具体的事件を裁判するうえで、終審といって最終的に判断する裁判所だということだけなのです。だから憲法違反だとか判決理由の中に書いてあっても、それはその事件に関してだけ述べているのです。その事件に関係ない憲法違反の事例について、さらには同種事案一般についてまで発言する権限は、元来最高裁にはありません。だから、あくまで一審で判決が出て不服な当事者が控訴して控訴審判決が出たけど、それに不服な人が最高裁に事件を持ち込んで最高裁が判決を出すと、あくまでその事件についてだけの判断と理解しなければなりません。それは法律でもはっきりしています。判決というのは、事件の当事者だけに効力があると、それから主文に含まれていることだけが法律的な効力があるということになっています。だからその当事者以外には効力はありません。憲法違反で無効だとか、最高裁判決の中でいわれたとしても、それで自動的に法律が消えてなくなるなんてことはもちろんないし、当事者以外の人に影響が及ぶということもありません。それがあるように考えているのは国民の誤解です。

この辺のところは、報道関係者も少し反省願いたい。最高裁判決が憲法違反だといったからその法律がなくなっちゃったとか無効になったとか、判決の意見に沿うよう国会が法改正すべきだとか、そういうことはありえません。まったくもって荒唐無稽な誤解です。国民主権原理というのが憲法の定める日本国統治の根本原理です。ですから国民の代表者である国会議員数百人が集まって国会を作ります。その国会が作った法律を民主的でない裁判所が無効にしてしまうなんてことはできないのです。三権分立を犯すといってもいいでしょう。

したがって最高裁判決には法律を葬り去るとかその事件以外の世の中を変える力は元来ありません。最高裁判決はそのように神聖視してはいけないということです。本書を読んだ結果、裁判官の俗人ぶりを知り、神聖視するなんてとんでもないということがわかれば、最高裁判決についても全く同じ様に考えればよいのです。俗人が構成メンバーである役所が言ったことと素直に理解すれば間違いありません。最高裁だけは別だと考える根拠は何もありません。最高裁だけ法律を無効にする特別な権限があるなんて、そんな条文はどこにもありません。この辺のところはまた別な本が必要になりますが、裁判官の俗人ぶりを本書によって了解した読者は、そういう最高裁判決を神聖視する見方を迷いもなく捨て去ることができます。報道関係者には、以上の基礎知識を踏まえて、国民の知る権利に応じたニュースを報道していただきたい。

あとがき

中央公論新社から、「裁判官の正体」というテーマで執筆を依頼されたとき、聞けば各種ドラマの影響もあって裁判官や司法について一般の関心が高まっているとのこと。

改めて最近の傾向を思案すると、確かに法廷の場面が出てくるドラマや小説はかなりの数にのぼるが、事件の展開に目が集中して裁判官や司法は背景になってしまっていることが多いようです。また、裁判官が主人公の内容では、ドラマチックなストーリーになるように平均的裁判官像からかなりずれた性格や言動がクローズアップされやすく、かえって平均的裁判官像について誤解を与えかねません。

そうはいっても裁判官は社会の中ではごく少数であり、個人的な知り合いは稀でしょう。現役裁判官はこの種の本を書かないから、意外とこの種の情報は乏しい。そうすると根拠のないイメージが先行しがち。たとえば、人格高潔、神聖、えらい、死刑判決もするこわい人……。はたして本書読了後のイメージはいかがなものでしょうか。

さて、平均的裁判官像が改まった後には、裁判の世界では袴田事件だけでなく大小無数の病理現象が見えてくるでしょう。本書から直ちに導き出される大問題がいくつもうかがえます。すべて、国民の人権侵害をもたらすものばかり。私も微力ながら事態の改善に尽力しようと思います。今後の著作にご期待ください。

井上 薫 Inoue Kaoru

1954（昭和29）年東京都生まれ。東京大学理学部化学科卒、同修士課程修了。司法試験合格後、判事補を経て1996年判事任官。2006年退官し、2007年弁護士登録。著書に『司法のしゃべりすぎ』『狂った裁判官』『網羅漢詩三百首』など。

中公新書ラクレ 839

裁判官の正体

最高裁の圧力、人事、報酬、言えない本音

2025年 3 月25日発行

著者……井上 薫

発行者……安部順一

発行所……中央公論新社

〒100-8152 東京都千代田区大手町 1-7-1

電話……販売 03-5299-1730　編集 03-5299-1870

URL https://www.chuko.co.jp/

本文印刷…三晃印刷　カバー印刷…大熊整美堂　製本…小泉製本

Published by CHUOKORON-SHINSHA, INC.
Printed in Japan ISBN978-4-12-150839-3 C1232

中公新書ラクレ　好評既刊

ラクレとは…la clef＝フランス語で「鍵」の意味です。
情報が氾濫するいま、時代を読み解き指針を示す
「知識の鍵」を提供します。

L796
ウクライナ戦争の嘘
――米露中北の打算・野望・本音
手嶋龍一＋佐藤　優 著

ウクライナに軍事侵攻したロシアは言語道断だが、「民主主義をめぐる正義の戦い」を掲げるウクライナと、米国をはじめとする西側諸国にも看過できない深謀遠慮がある。戦争で利益を得ているのは誰かと詰めれば、米露中北の「嘘」と野望と打算、その本音のすべてが見えてくる。世界は迫りくる核戦争の恐怖を回避できるのか。停戦への道はあるのか。ロシアと米国を知り尽くした両著者がウクライナ戦争をめぐる虚実に迫る。

L809
開業医の正体
――患者、看護師、お金のすべて
松永正訓 著

クリニックはどうやってどう作るの？　お金をどう工面しているの？　収入は？　どんな生活をしているの？　患者と患者家族に思うことは？　上から目線の大学病院にイライラするときとは？　看護師さんに何を求めているの？　診察しながら何を考えているの？　ワケあって開業医になりましたが、開業医って大変です。開業医のリアルと本音を包み隠さず明かします。開業医の正体がわかれば、良い医者を見つける手掛かりになるはずです。

L830
看護師の正体
――医師に怒り、患者に尽くし、
同僚と張り合う
松永正訓 著

病棟勤務って、どういう仕事？　救急外来って修羅場なの？　ほぼ「女の世界」で、何と闘っているの？　どうやって一人前になるの？　医師にイライラするときって？　患者を前に、何を考えているの？　セクハラと恋愛事情は？　病院の怪談に脅える？　手術中は何しているの？　中公新書ラクレ『開業医の正体』（松永正訓著）に続く、待望の姉妹編。一人の看護師が奮闘する日々を追いかけ、看護師のリアルと本音を包み隠さず明かします。